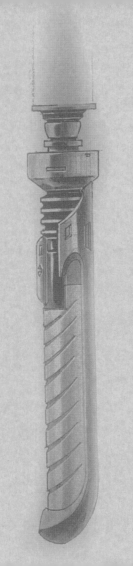

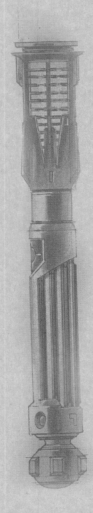

KB089556

STAR WARS™

스타워즈

STAR
WARS
™

THE LIGHTSABER COLLECTION

라이트세이버 컬렉션

대니얼 월리스 지음
루카스 리스코, 라이언 발레 일러스트
권윤경 옮김

CONTENTS

머리말

"라이트세이버는 네 생명을 구해줄 무기야."
—오비완 케노비가 아나킨 스카이워커에게 (《스타워즈 에피소드 2: 클론의 습격 *Star Wars*: Episode II *Attack of the Clones*》에서)

1977년 개봉된 《스타워즈 에피소드 4: 새로운 희망》에서 오비완 케노비(Obi-Wan Kenobi)는 예전의 포스(Force)를 사용하여 제다이(Jedi)로서 은하의 평화를 지켜온 사람들이 있다고 밝힌다. 조지 루카스(George Lucas) 감독은 제다이를 아더 왕과 '원탁의 기사단'을 떠올리게 하는 집단으로 설정했으며, 이에 따라 《스타워즈》는 단순한 어드벤처 영화 시리즈를 뛰어 넘게 되었다. 미래라는 설정에 기사단의 명예와 신비주의가 도입되어 지금까지 유례를 찾아볼 수 없는 SF 판타지가 만들어진 것이다.

"오래전 멀고 먼 은하계에…"로 시작되는 이 영화에서 주인공 루크 스카이워커(Luke Skywalker)는 옛날 제다이 기사였던 아버지의 라이트세이버를 받아 모험을 떠난다. 조지 루카스는 동양의 전통도 받아들였다. 오비완은 라이트세이버를 일본의 무사도처럼 취급한다. 혹성 타투인(Tatooine)의 모스 에이슬리(Mos Eisley) 우주공항의 술집 칸티나에서 사무라이가 칼을 칼집에서 빼듯이 라이트세이버를 벨트에서 빼 드는데, 다음 순간 루크에게 블라스터(blaster, 레이저총)를 겨누고 있던 폰다 바바(Ponda Baba)의 팔이 베어져 나간다.

라이트세이버는 금속으로 된 실린더로 약 1미터의 플라즈마 에너지 블레이드(plasma energy blade)를 발동한다. 무기로써 사용하면 거의 대부분의 것들을 잘라버릴 수 있다. 왕위의 상징이기도 하며, 소유자가 깊은 지식을 갖추고 고귀한 전통을 중요시한다는 것을 나타낸다.

포스의 다크 사이드(the dark side)를 따르는 자들도 라이트세이버를 가진다. 고대부터 선과 악의 충돌은 제다이와 시스(the Sith)의 싸움으로 나타나며, 양쪽은 은하를 뒤흔드는 격렬한 싸움을 몇 세대에 걸쳐서 벌여왔다.

이 책에서는 제다이 기사와 시스 암흑 군주의 라이트세이버뿐 아니라, 어디에 속하는지 쉽게 판단할 수 없는 전사들의 라이트세이버도 자세히 해설한다. 공화국 창설부터 퍼스트 오더(First Order)와 반란군의 시대까지 귀중한 모델은 모두 수록했다. 자, 이제부터 은하에서 제일 중요한 무기고를 찬찬히 돌아보자!

왼쪽 페이지는 랄프 맥쿼리(Ralph McQuarrie)의 컨셉아트

라이트세이버란 무엇인가?

"이것은 제다이 기사의 무기다. 블라스터와는 달리 품위 있는 무기란다."
—오비완 케노비가 루크 스카이워커에게(《스타워즈 에피소드 4: 새로운 희망 Star Wars: Episode IV A New Hope》에서)

1977년《스타워즈》시리즈의 첫 개봉작에 해당하는《스타워즈 에피소드 4: 새로운 희망》에서 오비완 케노비(Obi-Wan Kenobi)는 "수천 년 동안 제다이는 옛 공화국의 평화와 정의를 수호했단 다."라고 말한다. 유구한 전통을 배경으로 제다이 오더(Jedi Order)는 긴 역사를 통해 그들의 상 징인 무기에 얽힌 관습을 체계화해왔다.

제다이는 포스를 사용해 초인적인 일을 해내는데, 라이트세이버는 그 능력의 상징이다. 포스를 가진 자가 다루는 라이트세이버는 최강이다. 어떤 것도 쉽게 베어내는데, 단순한 이 무

기를 제대로 구사하기 위해서는 초인적인 정확성이 요구된다. 포스가 없는 자도 블레이드는 발동시킬 수 있지만(그리버스 장군General Grievous도 한 솔로Han Solo도 영화 속에서 이것을 휘두른다), 위 력을 최대한 발휘할 수 있는 것은 포스를 가진 자뿐이다.

칼자루에 박힌 수정이 블레이드를 발동시킨다. 라이트세이버를 자유자재로 구사하는 자 는 블라스터 빔을 날리고, 때로는 부메랑처럼 던져서 적을 쓰러뜨린다. 만능 도구로 어두운 장 소를 밝히고, 우주선 벽을 녹인다.

오른쪽 페이지는 데이브 필로니(Dave Filoni)와 알렉스 우(Alex Woo)의 컨셉아트

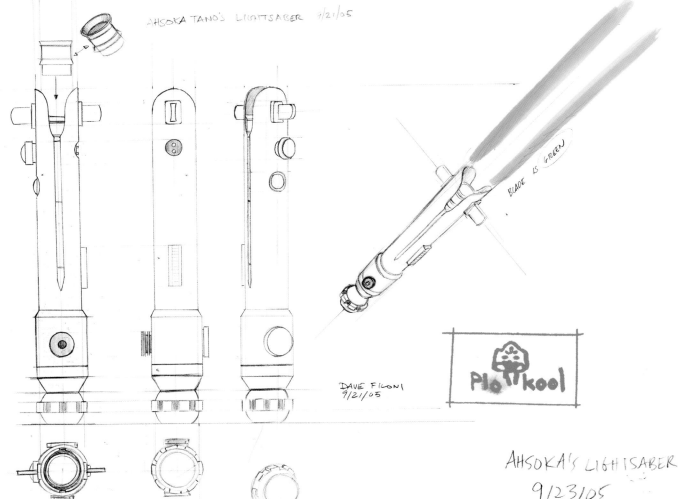

AHSOKA TANO'S LIIGHTSABER 9/21/05

BLADE IS GREEN

DAVE FILONI
9/21/05

Plo kool

AHSOKA'S LIGHTSABER
9/23/05
ALEX WOO

라이트세이버를 만든다

"새 라이트세이버를 만들었구나. 실력도 완벽히 쌓았고."
— 다스 베이더가 루크 스카이워커에게(《스타워즈 에피소드 6: 제다이의 귀환 *Star Wars*: Episode VI *Return of the Jedi*》에서)

SF에 검을 도입하자는 조지 루카스(George Lucas)의 아이디어가 효과를 거둬 《스타워즈》는 크게 히트했다. "대전제로서 《스타워즈》는 신화와 아더 왕의 위대한 전통을 바탕으로 한 로맨틱 판타지입니다."라고 루카스는 말한다.

루카스가 상상한 것은 에롤 플린(Errol Flynn, 1930년대에 활약한 액션영화 스타)이 연기한 《로빈 후드의 모험(The Adventures of Robin Hood)》(1938)을 떠올리게 하는 할리우드 황금시대의 판타지 어드벤처였다.

"싸움에 로맨틱한 요소가 있고, 기사도와 명예 정신이 침투해 있죠. 평화를 지키는 자들에게 어울리는 무기를 쥐여줘야만 했습니다."

1977년 개봉된 《스타워즈 에피소드4: 새로운 희망》 제작의 첫 단계에서는 반란군, 제국군, 양쪽의 전사가 라이트세이버를 가질 수 있게 했다. 그러나 루카스는 후에 포스를 가진 제다이 기사와 시스만이 라이트세이버를 가질 수 있게 한정했다. 루크 스카이워커(Luke Skywalker), 오비완 케노비(Obi-Wan Kenobi), 다스 베이더(Darth Vader)에게 바로 라이트세이버가 준비되었다. 장치·소도구를 담당한 로저 크리스천(Roger Christian)이 런던의 웨스트엔드에 가서 어떤 가게에 들어갔을 때 플래시 촬영에 사용하는 오래된 배터리 팩을 몇 개나 발견한다.

"가게 주인에게 '여기에 다른 곳에는 없는 재미있는 것이 있지 않나요?'라고 물어보았습니다. 그리고 바로 거기에 먼지투성이 상자가 하나 있었고, 그 녀석을 끌어당겨서 열어보았죠.

그러자 40년대의 그래플렉스(Graflex Inc, 보도용 대형 카메라 제조업체)의 플래시 핸들이 나왔습니다. '이거다! 이 핸들, 그야말로 라이트세이버 자루다!'라고요."

크리스천은 은색의 손잡이에 장식을 더해서 지구에서 만들어지지 않은 것처럼 보이게 했다.

"시제품을 보고 조지 루카스는 빙긋이 웃었습니다. 굉장히 마음에 들어 보였죠."

촬영 스태프는 크리스천이 가져온 손잡이에 관심을 보였고, 도로 표식에 사용되는 반사 소재를 한 자루 한 자루에 둘러서 방음 스튜디오에 들어갔다. 그러자 조명을 받아 수상한 빛을 냈다. 편집에서 애니메이션 효과를 더하자 바라던 대로의 영상이 만들어졌다.

《에피소드 4》의 애니메이션 효과 의뢰를 받은 한국의 애니메이터인 넬슨 신(Nelson Shin)은 "라이트세이버가 발하는 빛을 조금 흔들거리게 만들고 싶어서 편집할 때 프레임 하나를 다른 것보다 밝게 만들면 어떨까 하고 말했습니다. 그러자 형광등이나 레이저처럼 보이게 되었죠."하고 말했다. 마지막으로 벤 버트(Ben Burtt)가 라이트세이버에 그 특유의 소리를 입혔다.

"《에피소드 4》에서 처음 작업한 것이 라이트세이버의 소리였습니다. 프로젝터가 여러 대 '붕붕' 하는 소리를 냈는데, 음악처럼 들렸죠. 마이크 케이블이 고장 난 녹음기를 가져와서 그것을 손에 들고 텔레비전 한 대 앞을 지나가자 소리가 울렸습니다. 프로젝터는 '붕붕' 소리를 내고, 녹음기는 끽끽거리는 소리가 났죠. 이걸로 하자고 생각했습니다."

제다이의 전통

"무기가 없는 자를 공격하는 것은 제다이의 방식이 아니야."
—아나킨 스카이워커(《클론 전쟁 *Star Wars: The Clone Wars*》에서)

조지 루카스(George Lucas)는 라이트세이버는 단순한 무기가 아니라고 생각한다. "명예가 사람을 움직였던 원시시대의 상징입니다. 처음에는 제다이에게 검을 쥐여주고 싸우게 할 생각이었지만, 테크놀로지적인 요소를 더하고 싶다고 생각해서 레이저 검으로 한 겁니다."

역사적으로 검(swords)은 의식(儀式)에 사용되었다. 때로는 신비로운 요소가 더해져 고귀한 자들이 이어받는, 태어나면서 갖게 되는 힘의 증거였다. 적의 블라스터 공격을 튕겨내는 라이트세이버는 루카스가 추구하던 신과의 연결을 전적으로 강조한다.

"제다이는 자신을 지키고, 은하의 수호신으로서 군림했죠."라고 루카스는 말한다. "광선총의 세계에서는 레이저 검이 완벽한 방어 무기가 됩니다."

스핀오프 드라마에서는 라이트세이버가 용감한 기사의 롱소드(longsword, 유럽의 전통적인 도검)에 바탕을 뒀음이 영화 이상으로 강조된다. 역사적으로 공적을 세운 자의 어깨를 롱소드로 두드려서 축복하는데, 제다이 기사로 승진한 파다완(Padawan)은 승인식에서 무릎을 꿇고 그 어깨를 라이트세이버로 두드리는 장면이 일련의 스핀오프 애니메이션에서 그려진다.

《스타워즈 에피소드 3: 시스의 복수》에서 황제가 발령한 오더 66(Order 66)으로 제다이 오더는 붕괴하고, 수 세기 동안 계속된 제다이의 전통은 소멸한다. 어둡고 희망이 없는 시대가 계속되어 포스의 감각을 가진 새로운 자들도 차례차례 제국의 인퀴지터(Inquisitor)로 포섭된다. 얼마 남지 않은 제다이는 몸을 숨기고 제다이의 가르침을 다음 세대에 맡긴다.

라이트세이버의 설계

"에너지가 수정에서 계속 흘러나오고 있어. 전투에서 파워의 흐름을 바꿀 정도로 간단한 무기가 아냐."
―케이넌 제러스가 사빈 렌에게(《스타워즈 반란군 Star Wars Rebels》에서)

어째서 라이트세이버는 블레이드의 색과 자루의 디자인이 모두 다를까? 공장에서 대량생산되는 것이 아니기 때문이다. 깊은 명상 끝에 포스에 마음을 연 한 사람 한 사람이 라이트세이버에 각자의 마음을 담는다.

자루는 금속으로 만들어지는 것이 대부분이지만, 그중에서는 목재나 뼈, 그리고 돌을 손잡이에 대는 사람도 있고, 비틀려 있는 것도 있고, 길이도 다르고, 블레이드를 여러 개 발동하는 것도 있다. 자루에 장착되어 있는 것은 발동 버튼, 핸드 그립, 벨트나 옷에 달기 위한 고리 등 대부분이 기능적인 것들이다.

에너지 블레이드의 색은 자루에 내장된 수정에 따라 결정된다. 예부터 얼음 행성 일룸(Ilum)이나 사막 행성 제다(Jedha)와 같은 성지에서 채취된 카이버 수정에 포스가 반응하여 파란색이나 녹색의 에너지 블레이드를 발동시킨다고 일컬어진다. 다크 사이드의 인물들은 수정에 암흑의 감정을 불어넣어 수정을 '출혈'시켜서 블레이드를 붉은색으로 물들인다.

자루는 뉴라니움(Neuranium), 아르세트론(Arcetron), 헤이지안 용해광(Haysian smelt) 등의 금속을 주조하여 만들어진다. 에미터나 스위치, 칼집 등은 마음대로 커스터마이즈할 수 있다. 액션 게임《스타워즈 제다이: 오더의 몰락》이 그렇게 프로그램되어 있고, 〈스타워즈: 갤럭시

즈 엣지(Star Wars: Galaxy's Edge)〉(미국의 디즈니랜드, 월트 디즈니 월드 리조트의 디즈니 할리우드 스튜디오에 있는 스타워즈를 테마로 한 테마파크)에서는 실제로 체험할 수 있다. 라이트세이버는 디자인에 따라 다음과 같이 분류할 수 있다.

'평화와 공정(peece and justice)'은 은색과 검은색을 기조로 한 제다이의 라이트세이버이며, '권력과 지배(power and control)'는 검고 모난 시스의 라이트세이버이다. '수호와 방어(protection and defense)'는 은색과 브론즈색이 눈을 끄는 우아한 만듦새를 하고 있으며, '의무와 결의(duty and resolve)'는 견고하고 실천적이다. '열의와 힘(passion and strength)'은 약간 불길한 미적 가치관을 느끼게 하고, '용기와 지혜(valour and wisdom)'는 예부터 제다이에게 전해지는 것이며, '원소의 자연(elemental nature)'은 나무나 뼈 등의 원소를 포함한다.

반 정도 길이의 라이트세이버나 두 개의 수정이 내장되어 길이를 자유롭게 바꿀 수 있는 듀얼 페이스 세이버도 있다. 황제의 인퀴지터(Inquisitor)들은 블레이드가 프로펠러처럼 회전하는 라이트세이버를 사용하며, 제다이 파다완(Padawan)인 에즈라 브리저(Ezra Bridger)는 라이트세이버뿐 아니라 블라스터 총으로도 사용할 수 있는 하이브리드 무기를 만들어낸다.

왼쪽 페이지는 라이언 처치(Ryan Church)의 컨셉아트

라이트세이버 수행

"잔꾀 대신에 라이트세이버에 열중하면 넌 요다님도 대적할 수가 있어."
— 오비완 케노비가 아나킨 스카이워커에게(《스타워즈 에피소드 2: 클론의 습격 *Star Wars: Episode II Attack of the Clones*》에서)

말할 것도 없이 이것은 특수한 경우다. 예부터 제다이가 라이트세이버 훈련을 시작하는 것은 인간 나이로 세 살이나 네 살부터다. 《에피소드 2》에서 마스터 요다(Master Yoda)가 아이들(영링 youngling 혹은 이니시에이트initiate)을 지도하는 장면이 있다. 《스타워즈 에피소드 4: 새로운 희망》에서 루크 스카이워커(Luke Skywalker)가 처음으로 라이트세이버를 손에 쥐었을 때는 이미 성년으로 성장해 있었는데, 오비완 케노비(Obi-Wan Kenobi)는 바로 지도를 시작해서 밀레니엄 팔콘(Millennium Falcon) 안에서 트레이닝 리모트를 사용해서 기본적인 움직임을 가르친다.

제다인 사원에서 제다이 영링들이 사용하는 라이트세이버는 파워를 줄여놓았다. 아이들 손에 맞도록 작게 만들어졌고, 다치지 않도록 블레이드의 위력을 줄여놓은 것이다. 그러나 닿으면 아파서 목도를 사용해서 연습하는 때도 있다.

전체연습에서 경험을 쌓으면 제다이 기사나 마스터와 일대일로 수련한다. 라이트세이버를 사용하는 것은 어렵고, 어디까지나 훈련에 끝은 없다. 포스를 가진 자도 사용하는 방법이 잘못되면 팔이나 다리를 잘리고 만다.

"(라이트세이버는) 매우 파워가 강해서, 강력한 에너지가 담겨 있으니까, 무거운 것을 드는 것처럼 연기해달라고 했죠." 조지 루카스(George Lucas)는 설명한다.

"조지는 라이트세이버는 어느 것이나 무겁다고 말하면서 절대로 양보하지 않았습니다." 라고 루크 스카이워커를 연기한 마크 해밀(Mark Hamill)은 말한다. 해밀은 에너지가 막 흘러넘칠 것 같이 용솟음치는 라이트세이버의 무거움을 표현했다. "한 손으로 쥐는 것은 허용되지 않아서 아더 왕의 명검 엑스칼리버를 쥐듯이 언제나 양손으로 쥐었죠."

《에피소드 4》 이후는 제다이의 기술이 진보했다고 여겨져서 루카스는 한 손으로 쥐는 것을 인정했다.

《스타워즈 에피소드 3: 시스의 복수》 외에 TV 애니메이션 시리즈 《클론 전쟁》, 실사 드라마 《만달로리안》 등에서 제다이의 적도 라이트세이버와 비슷한 무기를 사용한다. 《클론 전쟁》에 나오는 자이게리안 족(Zygerrian)은 라이트웝(Lightwhip)이라는 채찍같이 늘어나면서 휘어지는 에너지 무기를 사용하며, 다쏘미르(Dathomir)의 마녀들은 영액(spirit ichor)으로 탄소가 희박한 대기 중에서 검을 불러낸다. 또 퍼스트 오더(First Order)의 스톰 트루퍼(Stormtrooper)는 라이트세이버 공격에 대응할 수 있는 Z6 폭동진압봉을 받으며, 만달로리안 아머의 소재로서 사용되는 합금 베스카(Beskar, 만달로리안 강철)로 만들어진 초강력 아머를 장착한다.

오른쪽 페이지는 제리 밴더스텔트(Jerry Vanderstelt)의 컨셉아트

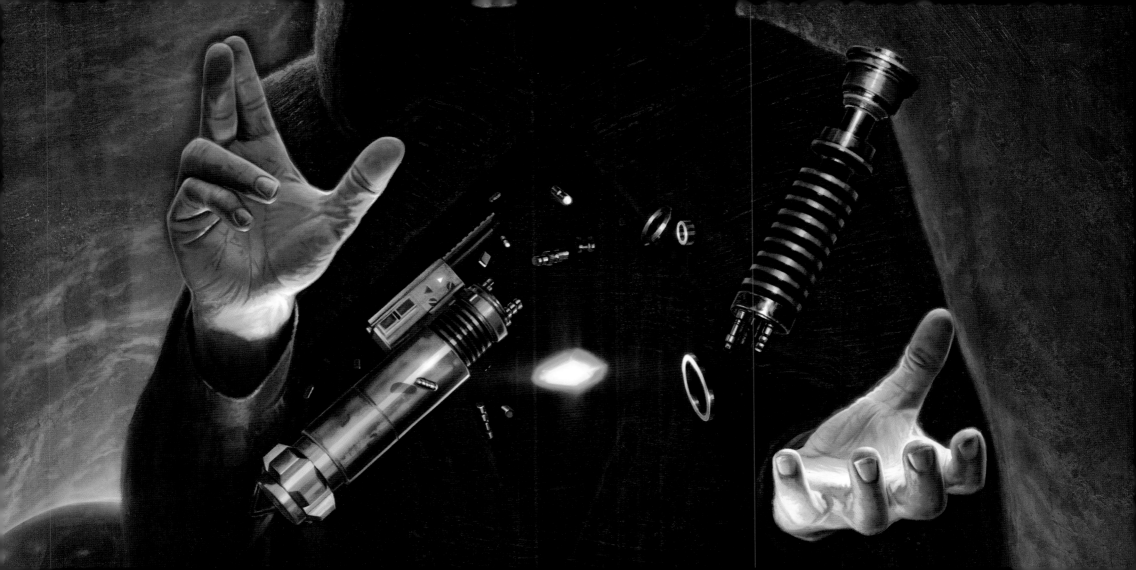

라이트세이버로 승부를 내다

"이 대결은 힘이나 포스로 결판을 지을 게 아니로군요. 라이트세이버로 결판을 내시죠."
—두쿠 백작이 요다에게(《스타워즈 에피소드 2: 클론의 습격 *Star Wars*: Episode II *Attack of the Clones*》에서)

라이트세이버를 맞대는 싸움이 영화 본편에서도 애니메이션 시리즈에서도 여기저기에서 전개된다. 정교하게 계산된 것부터 일촉즉발의 생생한 것까지 다양한 싸움을 즐길 수 있다.

"처음부터 기술과 머리를 짜내어 명예로운 싸움을 촬영할 수 있었기 때문에 검투에 예상 이상으로 신성한 의미를 부여할 수 있었습니다."라고 조지 루카스(George Lucas)는 《스타워즈 에피소드 4: 새로운 희망》의 오비완 케노비(Obi-Wan Kenobi)와 다스 베이더의 사투를 회고한다. "꽤 나이 든 노인과 반만 인간인 남자가 마주합니다. 단순한 검투로 끝나지 않았죠."

오리지널 3부작에서는 스턴트맨인 밥 앤더슨(Bob Anderson)이 결투 장면에서 마크 해밀에게 연기지도를 하면서 코스튬을 입고 다스 베이더(Darth Vader)를 연기했다. 《스타워즈 에피소드 5: 제국의 역습》, 《스타워즈 에피소드 6: 제다이의 귀환》에서는 루크 스카이워커(Luke Skywalker)는 포스와 연결되어 라이트세이버를 익숙하게 구사한다.

프리퀄 3부작을 제작할 당시 스턴트 담당인 닉 길라드(Nick Gillard)는 새로운 시대의 스피드 감각을 고려해서 라이트세이버 결투 장면을 연출했다. 콰이곤 진(Qui-Gon Jinn) 역할의 리암 니슨(Liam Neeson), 오비완 케노비 역의 이완 맥그리거(Ewan McGregor), 아나킨 스카이워커(Anakin Skywalker) 역의 헤이든 크리스텐슨(Hayden Christensen), 다스 몰(Darth Maul)을 연기하는 레이 파크(Ray Park)에게 부딪히면 구부러지는 철과 알루미늄으로 된 로드가 나오는 라이트세이버를 건네고 연기지도를 했다.

길라드는 테니스부터 목재 벌채까지 인간의 여러 활동에서 몸이 움직이는 모습을 일련의 결투 장면에 도입했다.

"시속 1600㎞로 말을 움직이는 체스 같은 대결 장면을 썼죠. 어떤 움직임도 체크메이트가 됩니다."

《스타워즈 에피소드 7: 깨어난 포스》(2015)에서 처음으로 메가폰을 든 J.J. 에이브럼스(J.J. Abrams)는 새로운 시대를 무대로 하면서, 거기에 등장하는 제다이와 시스는 옛날에 무슨 일이 있었는지 모른다고 설정했다. 에이브럼스는 프리퀄 3부작의 라이트세이버 결투 장면을 "장관 그 자체로 지독하게 양식화되어 있어서 춤을 보는 듯하다."라고 생각했고, 《에피소드 7: 깨어난 포스》에서는 초기의 형태에 가까워지려고 했다.

"《에피소드 4》와 《에피소드 5》에서 볼 수 있는 라이트세이버 대결 장면은 프리퀄 3부작의 그것과는 전혀 다르지만 세련되지 않은 만큼 힘을 느낍니다. 처음의 더욱 공격적이고 거친 것으로 만들고 싶었습니다."

THE
LIGHTSABERS

JEDI OF THE GALACTIC REPUBLIC
은하공화국의 제다이

에일라 세큐라
AAYLA SECURA

라이로스(Ryloth) 행성 출신으로 푸른 피부의 트윌렉(Twi'lek) 족인 에일라 세큐라는 《스타워즈 에피소드 3: 시스의 복수》에서 공화국군의 일원으로 싸우지만, 다스 시디어스(Darth Sidious)의 오더 66(Order 66) 발령 후에 클론 트루퍼의 블라스터 집중포화를 받아 죽는다. 드문 일이지만 조지 루카스(George Lucas)는 코믹스 시리즈인 《스타워즈: 공화국(Star Wars: Republic)》(1998~2006)의 표지에서 에일라 세큐라를 보고 이 캐릭터에 반해서 영화에 등장시키기로 했다.

《에피소드 3》에서는 ILM(Industrial Light&Magic, 루카스 필름이 소유한 특수효과를 다루는 영화제작회사)의 스탭인 에이미 앨런(Amy Allen)이 연기했고, 《스타워즈 에피소드 1: 보이지 않는 위험》의 DVD 판에서도 제다이 평의회의 일원으로 등장한다.

"계속 카메라 앞에서 연기하고 싶다고 생각했지만, 스스로 나선 것은 아니었습니다. 그렇지만 기회를 받을 수 있다면 도전해봐야겠다고 생각했죠."라고 앨런은 말한다.

에일라 세큐라의 푸른 블레이드의 라이트세이버는 내구성이 높고 장시간 사용할 수 있는 데다가 전쟁터에서 금방 수리할 수 있다. 듀라스틸(Durasteel)로 된 자루의 그립에 홈이 파여 있고, 블레이드의 강도와 길이도 조정할 수 있다.

아소카 타노(클론 전쟁)
AHSOKA TANO(CLONE WARS)

제다이 평의회로부터 아나킨 스카이워커(Anakin Skywalker)의 파다완(Padawan)이 되도록 명을 받은 10대의 아소카 타노는 클론 전쟁(The Clone Wars)에서 많은 것을 배우고 어느새 아나킨의 강력한 조력자가 된다.

    TV 애니메이션《스타워즈: 클론 전쟁》에서 그녀가 들고 있는 라이트세이버는 구형의 자루 끝이 달려 있고, 발사구에서 중앙에 걸쳐 갈라져 있다. 칼자루 상부는 아나킨의 라이트세이버와 닮았지만, 중앙의 갈라짐을 사이에 두고 칼자루가 거울에 비치는 듯하다. 구형의 자루 끝은 오비완 케노비(Obi-Wan Kenobi)가《스타워즈 에피소드 1: 보이지 않는 위험》에서 들었던 라이트세이버에 있는 것과 비슷하다.《클론 전쟁》의 총감독인 데이브 필로니(Dave Filoni)는 아소카에게 시리즈 전체에 걸쳐 이 라이트세이버를 들게 했다.

    아소카는 전투 때에 이 녹색 블레이드의 라이트세이버 자루를 반대로 잡고 또 한 손에 블레이드가 짧은 라이트세이버를 사용한다. 필로니는 아소카가 아나킨의 공격력을 이어받은 제다이 기사로 성장했다고 여기고 그녀에게 이 두 번째 라이트세이버를 부여했다.

    제다이 오더를 떠날 때, 아소카는 두 자루의 라이트세이버를 남겨두고 간다. 그 후 아나킨과 재회하여 이 두 자루를 돌려받는데, 둘 다 푸른색 블레이드를 발동한다. 클론 전쟁이 종결된 후 아소카는 이전에 거느리던 클론들이 잠든 묘지에 그 중 한 자루를 놓는다. 후에 그것은 다스 베이더에 의해 회수된다.

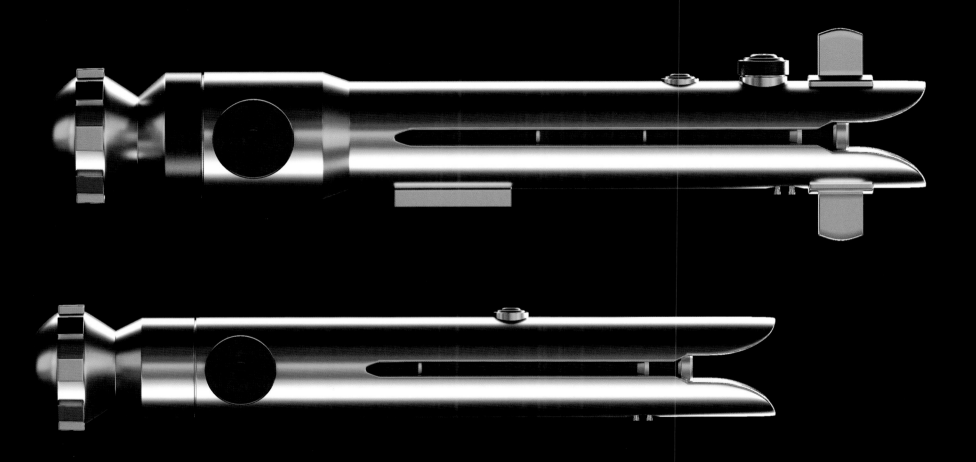

아소카 타노(반란군)
AHSOKA TANO(REBELLION)

《클론 전쟁》에서 공화국을 위해 싸웠던 아소카 타노가 10년 이상이 흘러 훨씬 기술도 갈고 닦아, 《스타워즈 반란군》으로 돌아온다. 뿔에도, 헤드 테일에도, 표정에도 성장의 흔적이 엿보이는 아소카는 《스타워즈 반란군》에서는 '펄크럼(Fulcrum)'이라는 코드네임으로 초기 반란군을 지원한다. 새로운 라이트세이버는 하얗게 빛나는 에너지 블레이드를 발동한다.

　"《클론 전쟁》 때에는 아직 내향적이었지만, 씩씩하게 성장했습니다."라고 아소카의 목소리를 연기한 배우 애슐리 에크스테인(Ashley Eckstein)이 밝힌다. "모두가 바라던 강한 전사가 되었습니다. 파워도 기술도 갖췄고, 자신도 있지만 결코 과시하지 않죠."

　《클론 전쟁》 때와 마찬가지로 두 자루의 라이트세이버를 사용하지만 《스타워즈 반란군》의 라이트세이버는 둘 다 자루가 굽어 있고, 다이아몬드 무늬가 두 개 나란히 새겨져 있다. 《스타워즈 반란군》에서도 오른손에 긴 라이트세이버를, 왼손에 짧은 라이트세이버를 꽉 쥐고 전투에 임한다. 데이브 필로니(Dave Filoni)는 아소카의 새로운 두 라이트세이버를 일본 고유의 검에서 힌트를 얻어 제작했다. 이에 따라 제국군과 싸우는 전사로서 그녀가 얼마나 계속 성장하고 있는지를 나타내려고 했다. 아소카의 이번 라이트세이버는 다른 것에서는 볼 수 없는 우아함이 있다. 그녀가 제다이도 시스도 아니라는 점을 나타내기 위해 필로니는 하얀 블레이드가 좋다고 생각했다. 아무런 색으로도 물들지 않은 라이트세이버를 부여함으로써 아소카가 외톨이 늑대로서 다른 자와는 전혀 다른 길을 걷고 있음을 보여주려고 했다.

아나킨 스카이워커 (파다완)
ANAKIN SKYWALKER (PADAWAN)

《스타워즈 에피소드 1: 보이지 않는 위험》에 등장하는 순진한 소년 아나킨 스카이워커는《스타워즈 에피소드 2: 클론의 습격》에서 오비완 케노비(Obi-Wan Kenobi)의 지도를 받아 자신감으로 가득 찬 전도유망한 젊은이로 성장한다. 그러나《에피소드 2》에서는 제다이 수행을 몇 년이나 쌓았지만 후에《스타워즈 에피소드 4: 새로운 희망》에서 오비완이 루크 스카이워커(Luke Skywalker)에게 건네는 그 라이트세이버는 아직 만들어내지 못했다. 스타워즈 사가의 열쇠를 쥔 스카이워커의 라이트세이버는《스타워즈 에피소드 3: 시스의 복수》까지 나오지 않는 것이다.

《에피소드 2》에서 아나킨이 사용하는 스카이워커의 라이트세이버는 푸른색 블레이드를 발동한다. 자루 밑 부분에 검은 고무가 대어져 있는 이 라이트세이버는 튼튼하게 만들어져서 최상급의 파워를 발휘한다. 그러나 지오노시스(Geonosian) 행성에서 드로이드 생산공장에 숨어들었을 때, 생산 라인에서 두 동강 난다.

라이트세이버를 날카롭게 내지르며 힘차고 크게 휘두르는 아나킨의 전법에서, 다크 사이드로 경도되었음을 엿볼 수 있다. 액션을 담당한 닉 길라드(Nick Gillard)는 아나킨을 연기하는 헤이든 크리스텐슨의 연기에 대해서 "프로를 포함해서 검을 휘두르는 사람을 몇 명이고 지도해왔지만, 헤이든의 칼솜씨는 뛰어났죠."라고 높이 평가했다.

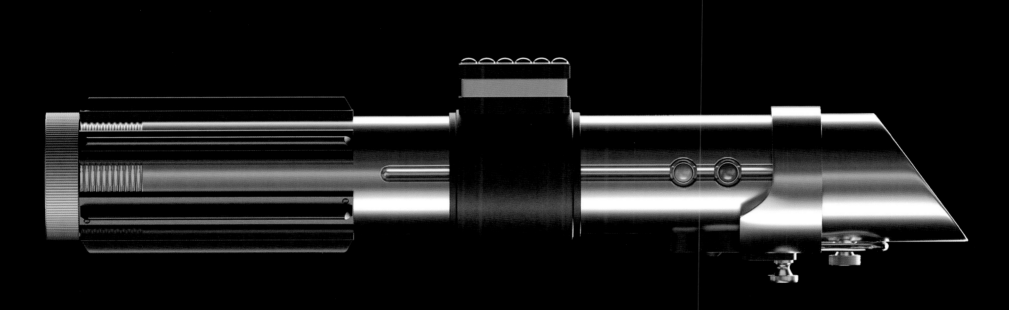

배리스 오피
BARRISS OFFEE

배리스 오피는 지오노시스 전투(Battle of Geonosian)에서 살아남아 클론 전쟁(The Clone Wars)에도 출진하지만, 전쟁의 잔혹함에 진저리가 난다. 그녀는 개혁이 필요하다고 생각하고 제다이 사원을 폭파, 친구의 파다완(Padawan)인 아소카 타노의 짓인 것처럼 꾸민다.

날리니 크리샨(Nalini Krishan)이 《스타워즈 에피소드 2: 클론의 습격》에서 연기하고, 메러디스 샐린저(Meredith Salenger)가 《클론 전쟁》에서 목소리를 담당했다.

"배리스의 스승은 루미나라 운둘리(Luminara Unduli)입니다. 이 여성 제다이 마스터는 무엇이든 규칙대로 일을 진행하려고 하며, 배리스도 충실한 제자로서 스승이 명한 것에 어떠한 의문도 갖지 않죠."라고 샐린저는 배리스에 대해서 말한다. "하지만 아소카 타노와 잠시 함께 행동하면서 그저 규칙을 따르기만 할 것이 아니라, 상황에 따라 스스로 생각해서 행동해야만 한다는 점을 배웁니다. 한 사람의 제다이로서 자신감을 가지고 행동해야 하니까요."

배리스는 이렇게 자신감을 얻지만, 제다이는 방향성을 잃었다고 믿어버리고 만다.

배리스 오피의 라이트세이버는 푸른 블레이드를 발동하며, 메탈릭한 자루 끝에는 캡이, 반대쪽에는 링처럼 생긴 에미터(라이트세이버 자루 끝부분에 달린 블레이드 방출구)가 달려 있다. 큰 다이얼과 버튼도 달려서 전투 중에 쥐는 방식을 바꾸지 않고도 블레이드를 발동시켜 에너지의 강도를 조정할 수 있다.

신 드랄릭
CIN DRALLIG

클론 전쟁(The Clone Wars)이 한창일 때, 제다이 사원의 배틀 마스터로서 경비책임자를 맡고 있던 제다이 마스터 신 드랄릭은 제다이 사원 파수꾼을 지휘하는 한편 강한 포스를 가진 아이들에게 라이트세이버를 사용해 전투를 가르친다. 《스타워즈 에피소드 3: 시스의 복수》에서 신 드랄릭의 경비와 전투에 대한 깊은 지식이 표현되어 있는데, 이것은 프리퀄 3부작에서 모든 스턴트를 담당한 닉 길라드(Nick Gillard)에게 경의를 표한 것이다. 실제 길라드는 드랄릭 그 자체다. 드랄릭의 스펠링 "Drallig"는 길라드의 스펠링 "Gillard"를 뒤집은 것이다.

드랄릭이 《에피소드 3》의 마지막 컷에서 어디에 있는지 발견하기는 어렵지만, 이 영화의 비디오 게임에서는 중요한 역할을 한다. 길라드가 게임 개발자들에게 제다이가 싸우는 방법을 자세히 가르쳤다. 플레이어(아나킨 스카이워커Anakin Skywalker를 플레이한다)는 마지막 배틀에서 신 드랄릭을 쓰러뜨려야만 한다. 제다이 사원의 이착륙장에서 전개되는 마지막 전투는 길고 격렬하다.

신 드랄릭은 TV 애니메이션 시리즈 《클론 전쟁》 시즌5에도 일순간이지만 등장한다.

데파 빌라바
DEPA BILLABA

데파 빌라바는 캘랙터(Chalacta) 행성 출신의 제다이 마스터로 나부 전투(Battle of Naboo)가 발발했을 때 제다이 평의회의 구성원이었다. 메이스 윈두(Mace Windu) 아래에서 수행을 쌓았고, 그 후 젊은 케일립 둠(Caleb Dume)을 파다완(Padawan)으로 둔다. 그러나 클론 전쟁(The Clone Wars)에서 오더 66(Order 66)가 발령되어 자신이 이끄는 스톰 트루퍼의 손에 목숨을 잃는다. 케일립 둠은 살아남아 자신의 길을 개척하여 '고스트 팀(Ghost Crew)'의 리더 케이넌 제러스(Kanan Jarrus)로 이름을 바꾼다.

　　데파 빌라바의 푸른색 블레이드를 발동하는 라이트세이버 자루는 단단한 메탈 실린더로 되어 있고, 자루 끝은 조금 작다. 링을 겹친 에미터를 다이아몬드 모양의 금속판이 둘러싸고 있으며, 같은 소재의 판이 아래 전체를 감싸고 있다. 데파 빌라바는 마스터 메이스 윈두의 지도를 받아 라이트세이버의 달인이 되어, 제자 케일립 둠에게 기술을 모두 전하려 한다.

　　디피카 오닐 조티(Dipika O'Neill Joti)가《스타워즈 에피소드 1: 보이지 않는 위험》에서 데파 빌라바를 연기했고, 제다이 평의회에 있는 장면이《스타워즈 에피소드 2: 클론의 습격》에서도 사용된다. TV 애니메이션 시리즈《클론 전쟁》에서는 그녀의 에피소드가 제작되었지만 실제로 방영되지는 않았다. 마지막 에피소드에서 파다완인 케일립 둠의 옆에 있는 모습을 확인할 수 있을 뿐이다.

　　여기에 소개하는 데파 빌라바의 라이트세이버는 애니메이션 시리즈에서 확인할 수 있는 것을 바탕으로 했다.

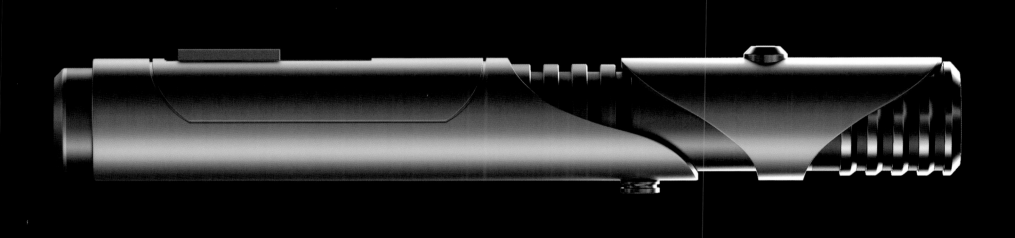

이븐 피엘
EVEN PIELL

이븐 피엘은 키가 작고 긴 귀와 머리 위에 술을 가진 래닉(Lannik) 족 남성인데, 이 제다이 마스터의 가장 눈에 띄는 부분은 왼쪽 눈의 상처다. 특수 분장을 한 마이클라 코트렐(Michaela Cottrell)이 《스타워즈 에피소드 1: 보이지 않는 위험》에서 다른 제다이 마스터와 함께 평의회에 참가하는 이 캐릭터를 연기했다.

원눈의 상처, 그리고 제다이 평의회에서 높은 지위에 있다는 점으로 미루어 꽤 뛰어난 제다이 마스터라고 생각된다. 요다(Yoda)와 마찬가지로 일반적인 것보다 반 정도 길이의 라이트세이버를 구사하며, 몸이 작은 자가 싸우는 방법을 숙지하고 있다. 자루는 크롬 합금으로 광택이 나고 녹색의 에너지 블레이드를 발동한다.

블레어 베스(Blair Bess)가 캐릭터의 목소리를 담당한 《클론 전쟁》에서는 분리주의 연합에게 사로잡혔으나, 군의 중요한 정보는 결코 밝히지 않는다. 제다이는 피엘을 구출하기 위해서 온갖 노력을 기울였지만, 그는 도망치던 중 목숨을 잃는다. 이에 제다이 평의회에 한 자리 결석이 생기고, 《스타워즈 에피소드 3: 시스의 복수》에서 아나킨 스카이워커(Anakin Skywalker)가 채우게 된다.

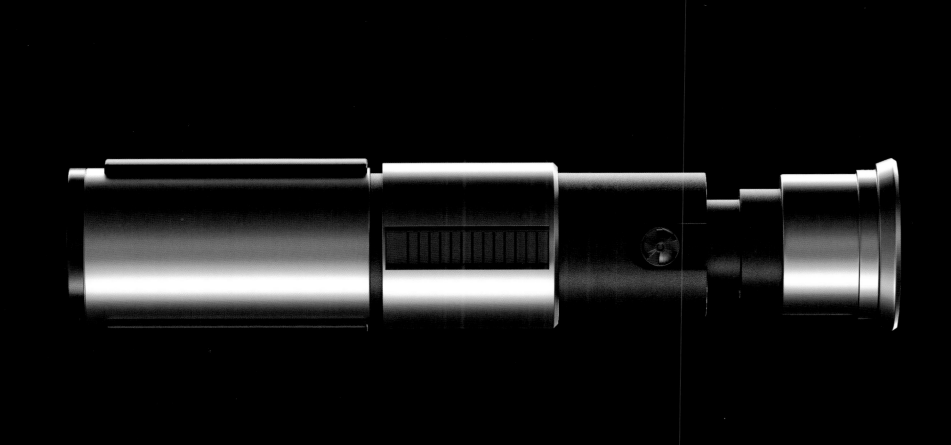

많은 라이트세이버에는 은색의 자루, 홈이 파인 에미터(블레이드 방출구), 액티베이션 플레이트 등 공통된 부분이 있는데 예술품으로밖에는 생각되지 않는 것도 있다. 《클론 전쟁》에 등장하는 제다이 이니시에이트 군지는 고향 카쉬크(Kashyyyk)에 우거진 나무에 자주 올라갔는데, 당시 생활을 그리워하며 라이트세이버의 자루를 목재로 만들었다.

군지는 얼음 행성 일룸(Ilum)에서 에너지 블레이드를 발동하는 녹색의 카이버 수정을 찾아냈고, 훈련기 크루서블(Crucible)을 타고 귀환하던 도중, 이것을 제작 중인 라이트세이버에 장착한다. 크루서블 내에서 라이트세이버 제작을 지도하는 건축가 드로이드 휴앵(Huyang)에게 나무로 칼자루를 만들고 싶다고 전하자, 브라이락 나무(Brylark tree) 목재를 받는다. 라이트세이버를 만든 군지는 바로 그것을 휘둘러 프로럼(Florrum) 행성에 거점을 둔 혼도 오나카(Hondo Ohnaka)의 해적단으로부터 아소카 타노를 구한다.

매끈한 곡선을 그리는 목제 핸들로 감싼 군지의 라이트세이버는 손에 착 붙는다. 목제 핸들의 아래로부터 내장 장치가 들어 있는 금속 칼집이 살짝 보이고, 방출구 쪽에는 날카로운 에미터 슈로드(emitter shroud, 블레이드 방출구에 붙어 있는 덮개)가 나와 있다.

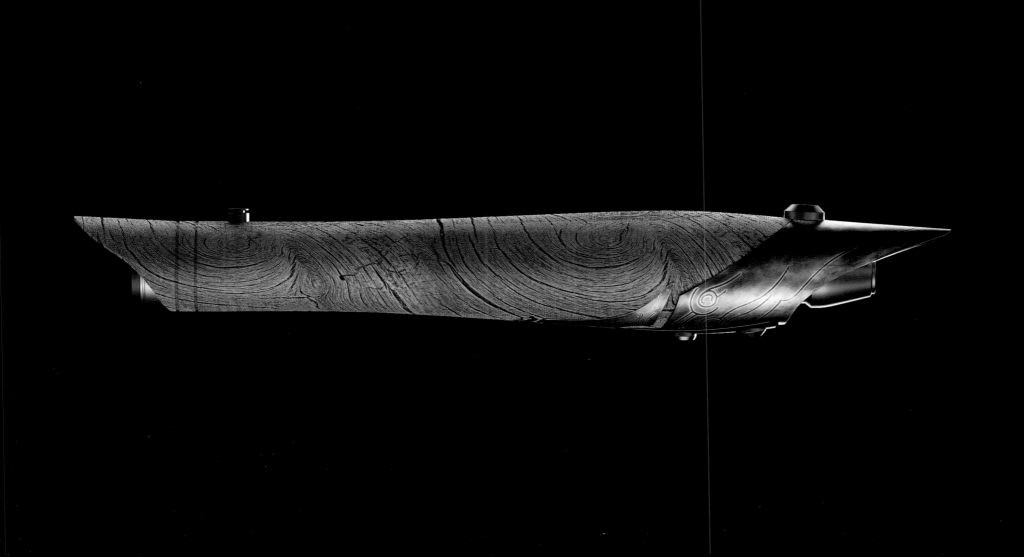

조카스터 누
JOCASTA NU

조카스터 누는 제다이 공문서관의 주임 사서이며, 전사라기보다는 학자다. 이러한 중요한 자리에 있는 그녀는 홀로크론 (Holocron, 제다이나 시스가 사용하는 정보보존용 장치)에 보관되어 있는 시스의 비밀도 포함해서 공문서관에 보관된 천 세대에 걸친 제다이의 막대한 자료를 끌어낼 수 있다.

전쟁터는 좋아하지 않지만, 라이트세이버는 휴대한다. 학문이나 외교적인 직책에 있더라도 모든 제다이에게 라이트 세이버는 권위의 상징이며, 검 훈련은 매일하는 명상의 일부이기도 하기 때문이다. 제다이 공문서관에서 직무를 수행할 때 조카스터 누는 푸른 에너지를 발하는 이 라이트세이버를 사람들의 눈에 띄지 않는 곳에 놓는다.

《스타워즈 에피소드 2: 클론의 습격》에서는 앨리디아 맥그라스(Alethea McGrath)가 연기했으며,《클론 전쟁》에서는 플로 디 레(Flo Di Re)가 목소리를 담당했다. 일련의 스타워즈 코믹스에 따르면, 조카스터 누는 오더 66(Order 66)로 인해 목숨을 잃 는 일 없이 코러산트(Coruscant)로 돌아가서 제다이의 비밀을 지키는 사명을 수행한다. 초강력 라이트세이버를 만드는 기술 도 갖추고 있지만, 최후에는 다스 베이더에게 목숨을 빼앗긴다.

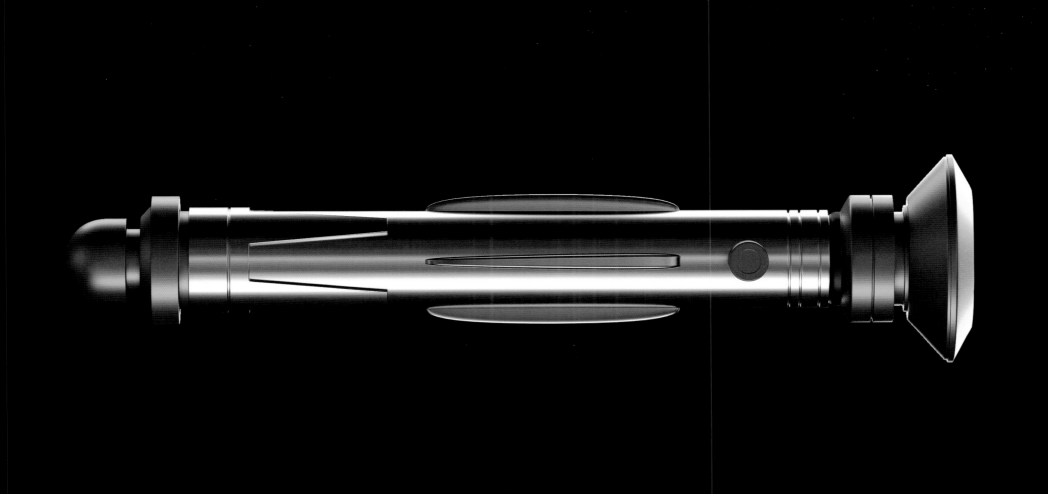

키아디 문디
KI-ADI-MUNDI

키아디 문디는 제다이 평의회의 멤버로서 《스타워즈 에피소드 1: 보이지 않는 위험》에 등장하여 《스타워즈 에피소드 2: 클론의 습격》에서는 지오노시스 전투(Battle of Geonosis)에 참전하고, 《스타워즈 에피소드 3: 시스의 복수》에서는 오더 66(Order 66) 발동 후 자신이 이끄는 클론 트루퍼에 의해 목숨을 빼앗긴다. 《에피소드 1》부터 《에피소드 3》까지 실라스 카슨(Silas Carson)이 연기하는 키아디 문디는 뾰족한 머리와 연륜이 느껴지는 주름과 수염이 인상적이다.

"위대한 제다이 평의회의 현명한 제다이 마스터를 연기하게 되어 기뻤다."라고 카슨은 말한다(카슨은 무역 연합의 음험한 누트 건레이Nute Gunray도 연기했다). "키아디 문디는 품이 넓고, 다정하고, 머리가 좋으며, 의지가 되죠. 이 제다이 마스터가 우리 삼촌이면 좋겠다고 모두가 생각할 겁니다."라고도 카슨은 말한다.

《에피소드 2》의 어떤 장면에서는 키아디 문디가 든 라이트세이버의 블레이드 색이 녹색이지만 다른 장면에서는 푸른색이다. 인간형 지각 종족(intellectual humanoid)인 세레안(Cerean)에 해당하는 키아디 문디는 뇌가 두 개 있으며, 라이트세이버에도 두 개의 큰 수정이 들어 있다고 한다. 광택이 지워진 자루에 있는 손잡이를 만지작거리면 블레이드를 발동하는 두 개의 수정을 자유자재로 바꿀 수 있다.

제다이 사원 파수꾼
JEDI TEMPLE GUARD

제다이 사원(Jedi Temple)은 코러산트(Coruscant)의 갤럭틱 시티(Galactic City)에 높이 솟아 있으며, 넓은 벽에는 포스의 지식과 은하 평화의 증표가 수 세기에 걸쳐 새겨졌다. 제다이 사원이 유지해온 전통 중 하나는 엄선한 파수꾼들을 제다이의 관례를 지키는 자로서 입구 외에도 중요한 곳에 배치하여 사원의 경비를 맡기는 것이다.

제다이 사원 파수꾼은 한결같이 로브와 마스크로 정체를 감추고 이름 없는 자로서 임무에 임한다. 입을 여는 일도, 맡은 자리를 떠나는 일도 거의 없으며, 표정도 내보이지 않고 지친 모습을 보이는 일도 없다. 오더 66(Order 66) 발령 후, 제다이 마스터인 신 드랄릭은 이들 파수꾼에게 사원을 지키도록 명한다.

제다이 사원 파수꾼이 임무에 임할 때는 라이트세이버가 아니라 라이트세이버 파이크(Lightsaber pike)라고 불리는 두꺼운 블레이드가 두 개인 스틱을 부여받는다. 라이트세이버 파이크는 카이버 수정에서는 드물게 보이는 황색 에너지 파동을 발한다.

제다이 사원 파수꾼이 처음으로 등장하는 것은 TV 애니메이션《클론 전쟁》이다.《클론 전쟁》에서는 그 후《스타워즈 반란군》에 본격적으로 등장하는 악역인 그랜드 인퀴지터의 공식적인 뒷이야기가 나오는데, 이에 따르면 그랜드 인퀴지터는 다크 사이드로 빠지기 전에 제다이 사원 파수꾼으로서 봉사했다. 루크 스카이워커(Luke Skywalker)는《에피소드 5》에서 제다이 사원 파수꾼의 블레이드가 하나인 라이트세이버를 눈 깜짝할 사이에 손에 쥐어 사용한다. 사원 파수꾼의 블레이드 하나짜리 라이트세이버는 〈스타워즈: 갤럭시즈 엣지(Star Wars: Galaxy's Edge)〉에서도 볼 수 있다.

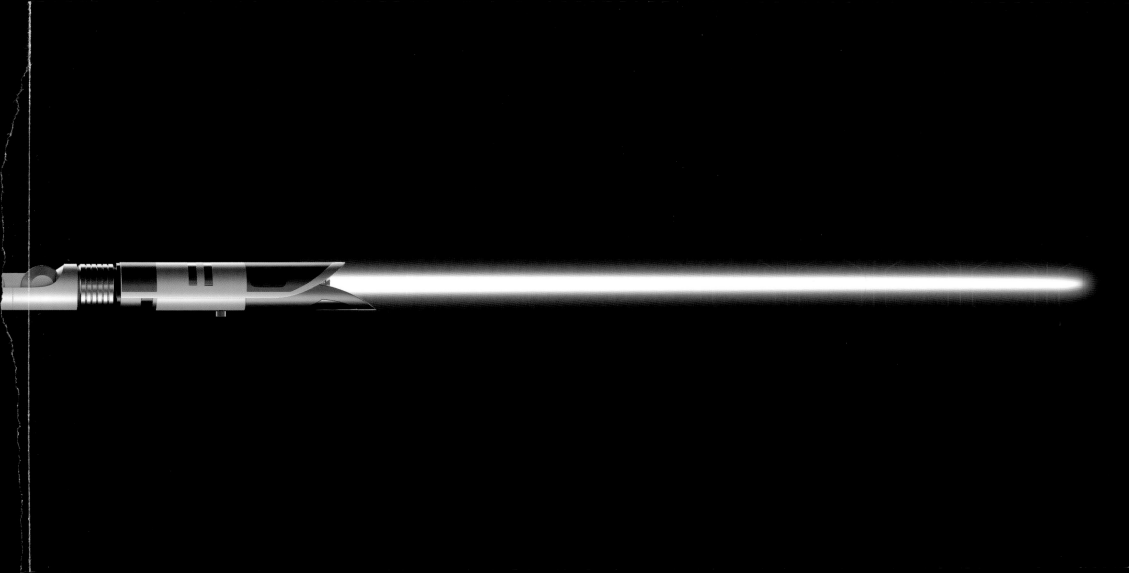

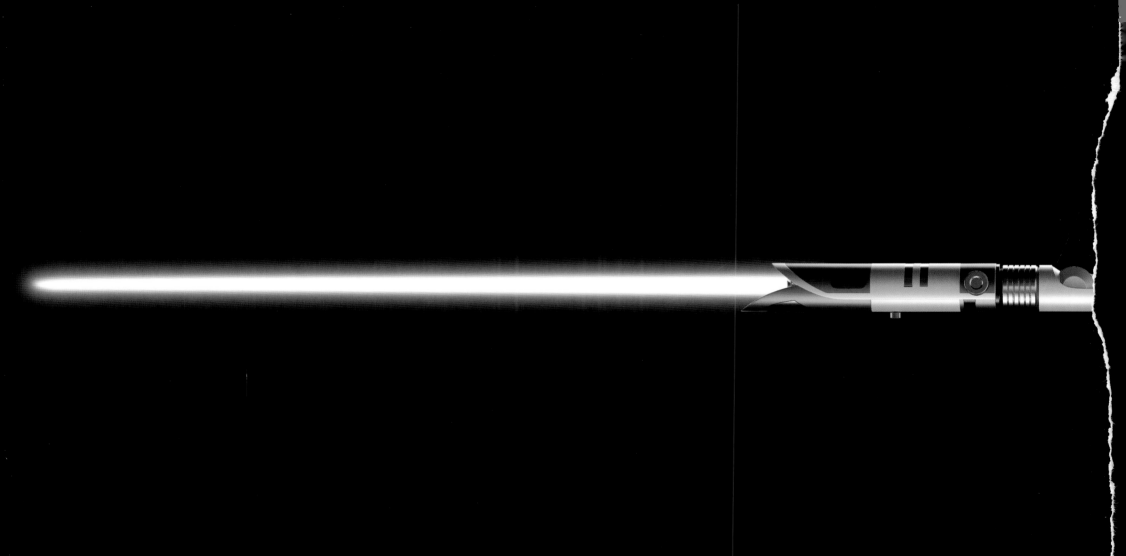

킷 피스토
KIT FISTO

얼굴에 은은하게 미소를 띠고 있는 킷 피스토는 녹색 고무 같은 피부를 갖고 있어서 바다에서 생활할 수 있다. 글리 안셀름(Glee Anselm) 행성의 나우톨란(Nautolan) 족 남성이며, 바닷속에서도 건조한 토지에서도 활동할 수 있다. 자카리아 젠슨(Zachariah Jensen), 다니엘 지스모어(Daniel Zizmor), 벤 쿠크(Ben Cooke)가 《스타워즈 에피소드 2: 클론의 습격》, 《스타워즈 에피소드 3: 시스의 복수》에서 이 캐릭터를 연기했으며, 필 라마(Phil LaMarr)가 애니메이션 시리즈에서 목소리를 담당했다.

수중에서 활동하는 제다이는 거의 없어서 라이트세이버가 물에 잠겼을 때 정상적으로 기능할 수 없지 않겠느냐는 논쟁이 언제나 있었다. 이 문제가 가장 격하게 논의되었을 때는 최종적으로는 삭제되었지만, 《스타워즈 에피소드 1: 보이지 않는 위험》에서 나부(Naboo)의 늪지대에 라이트세이버를 떨어뜨린 오비완 케노비(Obi-Wan Kenobi)를 콰이곤 진(Qui-Gon Jinn)이 질책하는 장면이다. 그러나 육상과 물 양쪽에서 활동하는 제다이는 라이트세이버를 상황에 따라 구사할 수 있다. 킷 피스토의 녹색 블레이드는 두 개의 다른 수정을 상시 바꿈으로써 물속에서도 정상적으로 기능한다.

클론 전쟁(The Clone Wars)이 발발하자 피스토는 이 라이트세이버를 손에 들고 공화국을 위해 일어서서 카미노(Kamino)와 몬 칼라(Mon Cala) 전쟁터에서 분리주의 연합의 드로이드와 싸운다. 마지막에는 팰퍼틴(Palpatine) 공화국 최고의장의 집무실로 향하여 최고의장 체포를 시도하는데, 결국 이 시스 군주의 라이트세이버에 쓰러져 목숨을 잃는다.

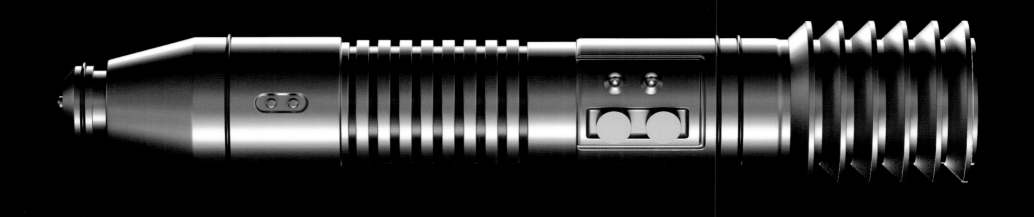

코박스 경
LORD CORVAX

ILMxLAB(루카스필름 산하의 특수효과 전문 스튜디오)의 오큘러스 퀘스트(가상현실 헤드셋)용 가상현실 체험 게임《베이더 임모탈: 스타워즈 VR 시리즈》를 플레이하면, 다스 베이더가 종언을 맞이한 땅, 화산 행성 무스타파(Mustafar)의 폐허를 탐색할 수 있다. 이 가상현실에서는《스타워즈 에피소드 3: 시스의 복수》후의 무스타파 세계로 설정된《베이더 임모탈》을 체험할 수 있으며, 다스 베이더가 무스타파에 남긴 요새 아래에 밀수업자로서 잠입할 수 있다. 아득한 옛날, 강한 포스를 가진 레이디 코박스(Lady Corvax)가 남편인 블랙 비숍 도윈 코박스와 함께 이 땅에서 만들어낸 전설의 검을 찾아내는 것이 미션이다.

"전설의 검은 프로토세이버(Protosaber)다."라고《베이더 임모탈》의 스토리를 쓴 데이비드 고이어(David S. Goyer)는 하이 퍼리얼리티 어드벤처 게임《스타워즈: 제국의 비밀(Star Wars: Sectrets of the Empire)》의 프리뷰에서 언급했다. "프로토세이버는 라이트세이버의 원형 같은 것으로, 스타워즈 유니버스의 영화 이외의 매체에서 확산할지도 모르겠군요."라고 말했다.

프로토세이버는 어떤 라이트세이버보다 외관이 화려하다. 자루에 부채 같은 크로스가드가 부착되어 있고, 그 위에 코크 스크류를 떠올리게 하는 쇠장식에서 푸른 블레이드가 튀어나온다. 부채 중앙의 발화 링에 카이버 수정이 노골적으로 드러난다. 이처럼 만들어진 라이트세이버는 거의 없어서 아마도 꽤 옛날에 만들어졌으리라 생각된다.

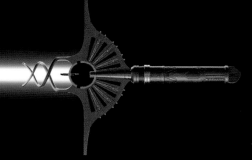

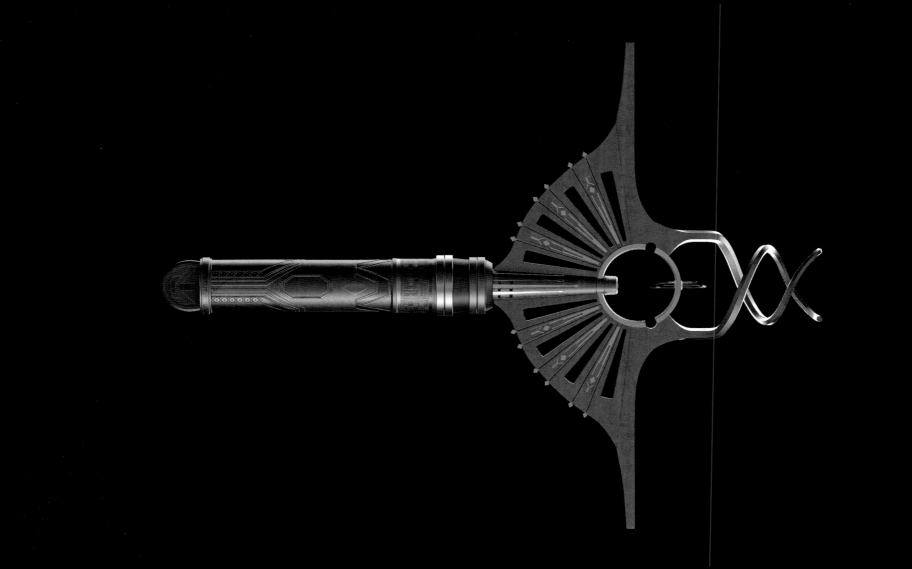

루크 스카이워커(제다이 기사)
LUKE SKYWALKER(JEDI KNIGHT)

《스타워즈 에피소드 6: 제다이의 귀환》에서 배고픈 살락(Sarlacc)이 입을 벌린 타투인(Tatooine)의 카쿤(Carkoon) 구덩이 위에서 루크 스카이워커(Luke Skywalker)는 자바 더 헛(Jabba the Hutt)의 수하들과 상대한다. 거기서 자신이 만든 새로운 라이트세이버를 처음으로 들고 (R2-D2가 패스해준다) 대활극을 펼친다. 에너지 블레이드의 색으로는 촬영지 애리조나의 하늘에 아름답게 비치도록 녹색이 사용되었다.

루크의 라이트세이버 자루는 《스타워즈 에피소드 4: 새로운 희망》에서 오비완 케노비(Obi-Wan Kenobi)가 쥔 것과 닮아 있어서 루크는 아마 오비완의 오두막에서 발견한 메모와 재료를 의지해서 이 라이트세이버를 만들어냈다고 생각된다. 미지의 영역인 물의 행성 아치토(Ahch-To)에 은둔할 때도 루크는 이 라이트세이버를 가져간다. 그가 사망한 후에는 섬의 케어테이커들(caretakers)이 회수하여 제다이의 유산과 함께 소중하게 보관한다.

《에피소드 6》에서 루크가 라이트세이버를 만드는 장면은 최종적으로 쓰이지 않았지만, 2015년에 발매된 블루레이 컬렉션에는 미공개 장면 중 하나로 수록된다. 2007년에는 《스타워즈》 개봉 30주년을 기념해서 루크 역의 마크 해밀이 촬영에서 실제로 사용한 라이트세이버가 우주왕복선 디스커버리호로 우주에 운반되었고, 그 후 스페이스 센터 휴스턴에 전시된다.

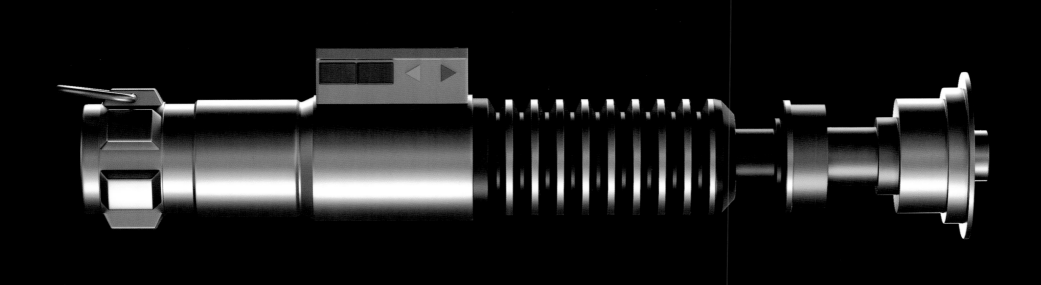

루미나라 운둘리
LUMINARA UNDULI

루미나라 운둘리는 미리알(Mirial) 출신의 미리알란(Mirialan) 족으로 제다이 마스터로서 배리스 오피를 지도한다. 카쉬크 (Kashyyk)에서 분리주의 연합의 드로이드 부대와 상대했을 때 오더 66(Order 66)가 발령되어 부하 클론 트루퍼에게 기습을 받아 목숨을 잃는다. 몇 년이나 뒤에 은하 외곽의 스티전 태양계(Stygeon Prime)에서 제국군은 운둘리의 유체를 덫으로 이용하여 케이넌 제러스 같이 오더 66에서 살아남은 제다이 생존자를 유인하려 한다.

루미나라 운둘리의 녹색 블레이드 라이트세이버는 플로 쿤의 라이트세이버와 디자인이 비슷해서 핀이 붙은 라지에이터 케이스가 씌워져 있고, 그립에 홈이 파여 있다. 그러나 루미나라 운둘리가 전쟁터를 바삐 돌아다닌 탓에 그녀의 라이트세이버 자루는 완전히 닳아버렸다. 접근전에서 몇 명이나 적을 상대하면 루미나라 운둘리는 타고난 민첩함으로 비교도 안 되는 전투력을 발휘한다.

《스타워즈 에피소드 2: 클론의 습격》에서 메리 오야야(Mary Oyaya)가 연기했는데, 《스타워즈 에피소드 3: 시스의 복수》에서는 페이 데이비드(Fay David)로 바뀌었으며, 《클론 전쟁》 시리즈에서는 올리비아 다보(Olivia d'Abo)가 목소리를 담당했다. 다보는 《스타워즈 에피소드 9: 라이즈 오브 스카이워커》에서 팰퍼틴(Palpatine)에 대항하는 레이를 격려하는 제다이의 목소리도 담당했다.

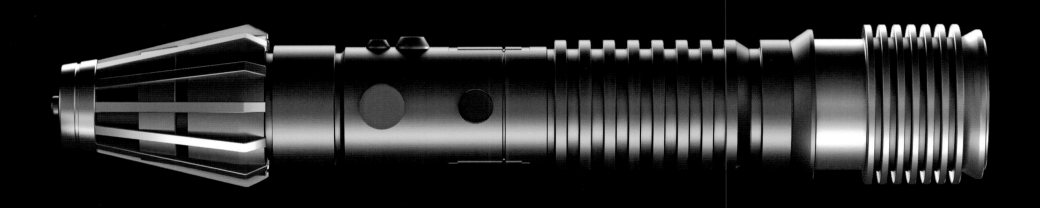

메이스 윈두
MACE WINDU

《스타워즈 에피소드 2: 클론의 습격》에서 메이스 윈두는 푸른색도 녹색도 붉은색도 아닌 라이트세이버를 든 첫 캐릭터로서 등장한다. 보라색 에너지 블레이드가 전쟁터에서 빛나서, 제다이 오더 최강의 검사가 강림했음을 알 수 있다. 메이스 윈두는 지오노시스 전투(Battle of Geonosian)부터 클론 전쟁(The Clone Wars)의 마지막까지 이 라이트세이버를 손에 들고 격렬하게 싸운다.

메이스 윈두의 라이트세이버 자루는 호박금(electrum)이 빛나며 금색으로 반짝여서, 소유자가 제다이 평의회에서도 지위가 높다는 것을 인식할 수 있다.

《에피소드 2》의 지오노시스 전투 장면을 촬영할 때, 메이스 윈두를 연기한 사무엘 L. 잭슨(Samuel L. Jackson)은 조지 루카스(George Lucas)에게 다음과 같이 부탁했다.

"큰 경기장에서 제다이가 집결해서 전투 장면을 찍었는데, 내가 어디 있는지 알고 싶다고 생각했습니다. 그래서 조지에게 '보라색 라이트세이버를 들 수 없을까? 그러면 은하에서 두 번째로 멋진 제다이가 될 수 있을지도.'라고 말했죠. 그 장면을 다시 촬영하게 되어서 촬영장에 갔더니, 조지가 '잠깐, 이걸 봐.'라고 말하면서 보라색 라이트세이버를 꺼냈습니다. 덕분에 그 큰 전투 장면에서 라이트세이버가 300자루나 움직이고 있었는데, 자신이 어디 있는지 알 수 있었죠."

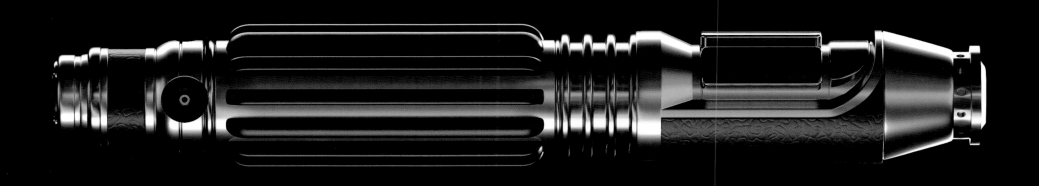

오비완 케노비 (파다완)
OBI-WAN KENOBI (PADAWAN)

"속편을 만든다면 제다이의 힘이 절정에 달해 있을 때니까, 라이트세이버의 격투 장면도 훨씬 빠르고 군더더기가 없고, 공격적으로 만들어야 했습니다."라고 조지 루카스(George Lucas)는 《스타워즈 에피소드 1: 보이지 않는 위험》의 라이트세이버 격투 장면에 관한 질문을 받았을 때 이렇게 대답했다. 오비완 케노비는 《에피소드 1》에서는 아직 파다완(Padawan)이었지만, 나부(Naboo)에서 다스 몰(Darth Maul)과 대전했을 때는 강력한 전사로 성장해 있었다.

오비완의 파다완 시절 라이트세이버는 타투인(Tatooine) 은둔 후에 가진 라이트세이버와는 전혀 다르게 심플하고 균형잡혀 있다. 은합금으로 만들어진 자루의 그립에는 반원형의 홈이 연이어 있으며, 내장된 수정은 푸른색 에너지 블레이드를 발동한다. 다스 몰은 이 라이트세이버를 용해로로 차버리고, 오비완은 이 라이트세이버를 잃는다.

"어떤 캐릭터라도 특유의 전투 스타일을 가져야만 한다고 생각했습니다."라고 《에피소드 1》에서 스턴트를 담당한 닉 길라드(Nick Gillard)는 말한다. 길라드는 오비완이 후에 아나킨과 루크를 단련시킨다는 것을 알고 있었다. "세 명이 라이트세이버를 사용하는 방법에서 오비완의 젊은 시절 스타일을 아나킨과 루크도 이어받았다고 상상할 수 있도록 해야 했죠."

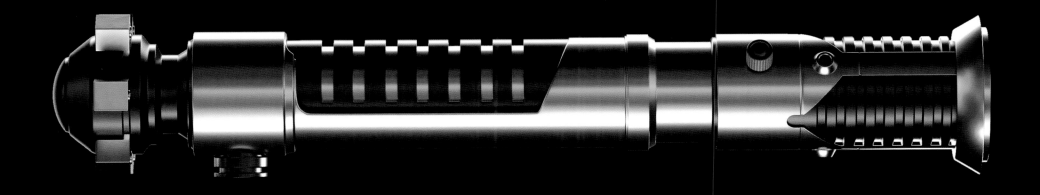

오비완 케노비(제다이 마스터)
OBI-WAN KENOBI(JEDI MASTER)

제다이 마스터로 승진한 후 오비완 케노비(Obi-Wan Kenobi)는 이 푸른색 블레이드의 라이트세이버를 만들어서 클론 전쟁(The Clone Wars)에 투입되었고, 타투인(Tatooine)에 은둔한 후에도 계속 가지고 있는다. 그 후 단 한 번 이 무기를 드는데, 그것은 데스 스타의 함 내에서 다스 베이더와 상대할 때다.

　자루는 블레이드 플레이트로 덮여 있지 않은 부분이 있어서 라이트세이버의 내부가 일부 보인다. 검은 늑골을 떠올리게 하는 가는 고리가 그립에 나란히 끼워져 있는데, 그 앞의 축이 그대로 드러나 있다. 후에 루크 스카이워커(Luke Skywalker)는 자신의 녹색 블레이드의 라이트세이버에 이 디자인을 반영한다.

　오비완이 《스타워즈 에피소드 4: 새로운 희망》에서 드는 라이트세이버는 롤스 로이스 더웬트(Rolls-Royce Derwent) 터보 제트 엔진의 밸런스 관과 제1차 세계대전 중에 사용된 No.3 Mk Ⅰ 라이플 그레네이드(No.3 Mk I Rifle Grenade) 총의 탄환, 그리고 루크의 라이트세이버에 사용된 카메라 플래시의 핸들을 조합해서 만들어졌다. 자루 끝에는 수도꼭지 핸들이 대어졌다.

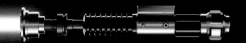

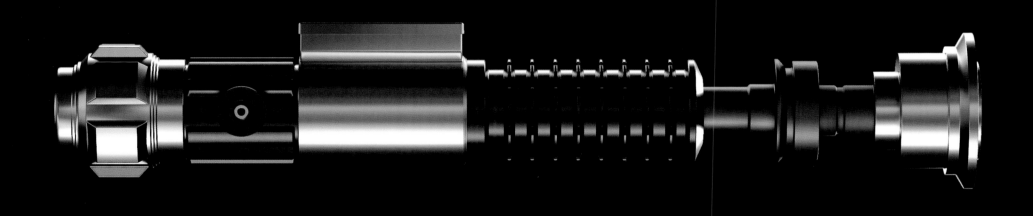

플로 쿤
PLO KOON

제다이 마스터 플로 쿤은 도린(Dorin) 행성 출신의 지각 종족인 켈 도어(Kel Dor) 족 남성으로, 산소가 있는 대기에 잘 적응하지 못해서 도린 이외의 장소에서는 눈과 코를 덮는 항 산소용 호흡 마스크를 쓴다. 프리퀄 3부작에서 제다이 평의회의 멤버로 등장하는데, TV 애니메이션 시리즈《클론 전쟁》에서 아소카 타노의 스승으로서 강한 인상을 남긴다. 클론 전쟁(The Clone Wars)에서 임무를 마치고 패트롤 비행을 할 때 오더 66(Order 66)가 발령되어 클론 트루퍼 사령관인 자이가라(Jai'galaar)의 공격을 받아 추락하여 목숨을 잃는다.

쿤의 푸른색 블레이드의 라이트세이버는 자루 끝에 붙은 끝이 가는 라지에이터 케이스가 특징적이다. 여기저기가 끼져 있는 것으로 미뤄보아 쿤이 공격적인 전투 스타일을 취한다는 것을 알 수 있다.

앨런 루스코(Alan Ruscoe)와 맷 슬로안(Matt Sloan)이 영화에서 쿤을 연기했고, 제임스 아놀드 테일러(James Arnold Taylor)가《클론 전쟁》에서 목소리를 담당했다.

"《클론 전쟁》의 총감독인 데이브 필로니(Dave Filoni)에게 J.R.R. 톨킨의『호빗』과『반지의 제왕』에 나오는 간달프가 지니고 있는 식견을 생각하면서도 플로 쿤으로서 저의 견해도 반영하라고 들었습니다."라며 테일러는『반지의 제왕』의 마법사를 배역에 도입했다고 설명한다. "제다이 마스터는 모두 정해진 방법으로 말하니까 때때로 마음 내키는 대로 말하도록 해줘서 기뻤죠."

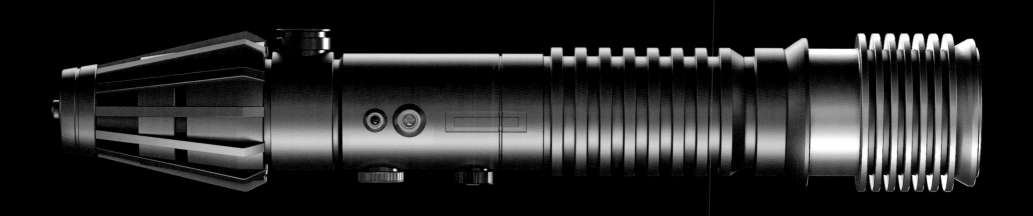

퐁 크렐
PONG KRELL

제다이 마스터, 퐁 크렐은 클론 전쟁(The Clone Wars)에서 공화국 육군의 장군으로서 클론 트루퍼를 이끌고 분리주의 연합의 드로이드 군과 싸운다. 《스타워즈 에피소드 2: 클론의 습격》에 등장하는 오비완 케노비(Obi-Wan Kenobi)의 오랜 친구 덱스터 제스터(Dexter Jettster)와 마찬가지로 베살리스크(Besalisk) 종족인데, 강한 포스의 힘으로 장군의 지위까지 올랐다.

퐁 크렐은 TV 애니메이션 시리즈 《클론 전쟁》의 움바라 전투(Battle of Umbara)에서 제다이와 공화국군에 대한 충의를 버린다. 다크 사이드의 다스 티라누스(Darth Tyranus)의 환심을 사기 위해 충실한 클론 트루퍼 부하들을 배신하고 자신의 군대를 괴멸 직전까지 몰아넣는다.

쌍날(double blade) 라이트세이버를 다루는 제다이는 적은데, 퐁 크렐은 그중 하나다. 양쪽에서 블레이드가 튀어나오고, 자루를 접을 수 있는 라이트세이버는 《에피소드 9》에서 다크 사이드의 어둠 세계에 등장하는 레이가 손에 넣을 때까지 계속 애니메이션의 세계에서만 존재했다. 크렐은 이런 라이트세이버를 두 자루 다룬다. 한 자루는 푸른색 쌍날 라이트세이버, 또 한 자루는 녹색의 쌍날 라이트세이버이다.

이런 쌍날 라이트세이버는 인간에게는 너무 커서 도저히 잘 다룰 수 없지만, 베살리스크 족의 두터운 손에는 딱 맞는다. 에너지 블레이드는 중저음을 발하며, 자루가 중앙에서 반으로 접히므로 가지고 다니기도 편하고, 블레이드를 발동시킨 채로 둘 수도 있다.

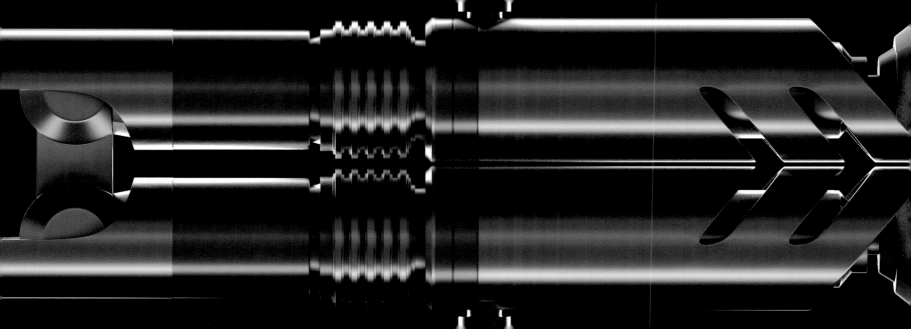

콰이곤 진은 제다이의 왕도를 걷는 자는 아니다. 제다이 마스터로서 높은 지위에 있지만, 제다이의 관례나 관습을 무시하고 은하에서 관심을 받지 못하는 자들에게 구원의 손길을 뻗음으로써 제다이 평의회에게 받아들여지지 않는다. 콰이곤은 나부(Naboo)의 발전소에서 다스 몰(Darth Maul)의 손에 숨지는데, 그의 파다완(Padawan)인 오비완 케노비(Obi-Wan Kenobi)가 스승의 라이트세이버를 들고 시스의 암흑 군주를 두 동강 낸다.

콰이곤 진의 라이트세이버에 들어 있는 수정은 녹색의 블레이드를 발동한다. 그는 두쿠 백작(Count Dooku) 아래에서 라이트세이버에 대해 배웠는데, 콰이곤의 라이트세이버는 두쿠의 자루가 굽은 전투적인 것과는 전혀 다르다. 올곧게 뻗은 메탈 실린더를 토대로 만들어졌고, 손잡이에는 반원형의 홈이 연이어 있다. 내장된 작은 파워셀(power cell)로 블레이드의 강도를 쉽게 조정할 수 있다.

리암 니슨(Liam Neeson)이 콰이곤 진을 《스타워즈 에피소드 1: 보이지 않는 위험》에서 연기했고, 《스타워즈 에피소드 2: 클론의 습격》, 그리고 《스타워즈 에피소드 9: 라이즈 오브 스카이워커》에서는 목소리로 출연했다. 라이트세이버의 소도구를 처음으로 접했을 때의 일을 그는 이렇게 떠올린다.

"촬영에 들어가기 전에 루카스 감독이 큰 금박의 상자를 가져왔죠. 상자를 열자 라이트세이버가 몇 자루인가 들어 있었고, 한 자루를 쥐어보라고 했어요. 한 자루를 선택하자, '그것이 당신 겁니다.'라고 말했습니다. 소름이 돋았어요. 그것을 촬영이 끝날 때까지 계속 사용하게 되었으니까요. 기뻤습니다."

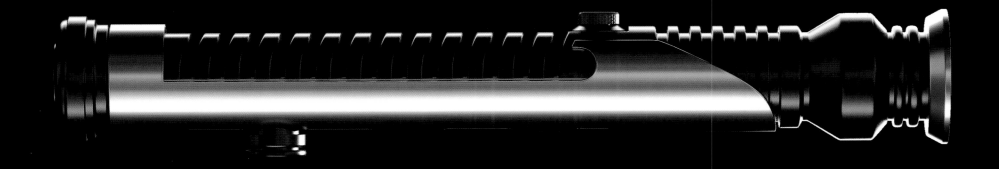

스카이워커의 라이트세이버
THE SKYWALKER LIGHTSABER

스카이워커의 라이트세이버는 모든 라이트세이버의 원형이며, 이 한 자루를 기준으로 다른 모든 라이트세이버를 생각해야 한다. 스카이워커의 라이트세이버는《스타워즈》에서 처음으로 나온 라이트세이버로 1977년 개봉된《스타워즈 에피소드 4: 새로운 희망》에서 사용된 후 영화의 역사 속에서 가장 잘 알려진 소도구 중 하나다. 『데일리 텔레그래프(The Daily Telegraph)』 의 조사에서는 루크 스카이워커(Luke Skywalker)의 라이트세이버는 로빈 후드의 활이나 인디아나 존스(Indiana Jones)의 채찍을 누르고 가장 인기 있는 무기였다.

「라이트세이버를 만들다」에서 언급한 대로, 소도구를 담당한 로저 크리스천은 루크의 라이트세이버가 될 만한 것을 찾아 런던의 오래된 사진관을 찾았고, 거기에 있는 것에 금세 마음을 빼앗겼다.

"이 영화에서 라이트세이버가 아더 왕의 명검 엑스칼리버가 될 것을 알았습니다.《스타워즈》의 대명사가 될 거라고요."

스카이워커의 라이트세이버는 많은 사람의 손을 거친다. 클론 전쟁(The Clone Wars)이 한창이었을 때 아나킨 스카이워커 (Anakin Skywalker)가 만들어냈고, 화산 행성 무스타파(Mustafar)에서 잃어버릴 때까지 아나킨이 가장 의지하는 무기로 사용된 다. 아나킨의 손을 떠난 후에는 오비완 케노비(Obi-Wan Kenobi)가 보관해서 타투인(Tatooine)에서 루크 스카이워커에게 물려준 다. 후에 루크는 클라우드 시티에서 다스 베이더와의 사투 끝에 잃어버리고,《스타워즈 에피소드 7: 깨어난 포스》에서 마즈 카나타(Maz Kanata)가 회수했음을 알 수 있다. 마지막으로 레이가 자신의 라이트세이버로 삼는다.

아나킨이 만들고, 루크가 사용했으며, 레이에게 맡겨진 스카이워커의 라이트세이버. 그것은 《스타워즈 에피소드 8: 라스트 제다이》에서 레이와 카일로 렌의 포스 대결 끝에 폭발했다고 생각되었다. 그러나 《스타워즈 에피소드 9: 라이즈 오브 스카이워커》에서 레이는 파편을 모아 새롭게 재생·복구해서 이것을 들고 엑세골(Exegol)에서 팰퍼틴(Palpatine)을 매장해버린다. 《에피소드 9》의 마지막 장면에서 레이는 이 무기를 레아의 라이트세이버와 함께 스카이워커의 생가가 있는 타투인(Tatooine)에 묻는다.

레이를 연기한 데이지 리들리(Daisy Ridley)는 전투 장면에서 라이트세이버를 휘두르는 것이 어려웠다고 털어놓는다.

"무거워서 들기도 어렵고 도저히 휘두를 수 없었습니다. 보기보다도 무거워서 그것을 들고 연기하는 것은 큰일이었죠."

복구한 자루 중앙에 검은 가죽 밴드를 댔고, 갈라진 곳을 용접해서 연결한 흔적은 덮어서 숨겼지만, 밴드가 덮여 있지 않은 부분에 탄 흔적이 보인다. 발동 장치는 교환했다. 부서진 수정은 레이가 제다이에게 대대로 전해지는 문헌을 읽고 고도의 제다이 포스를 사용해서 완전히 복원했다.

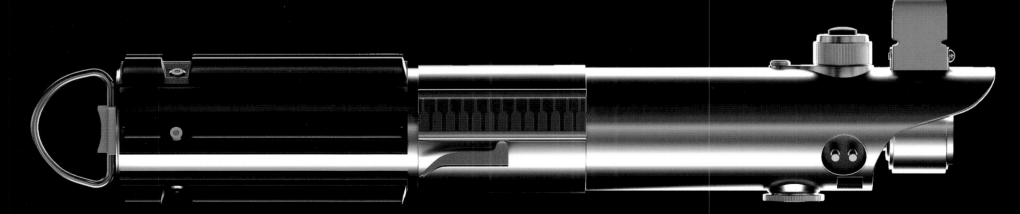

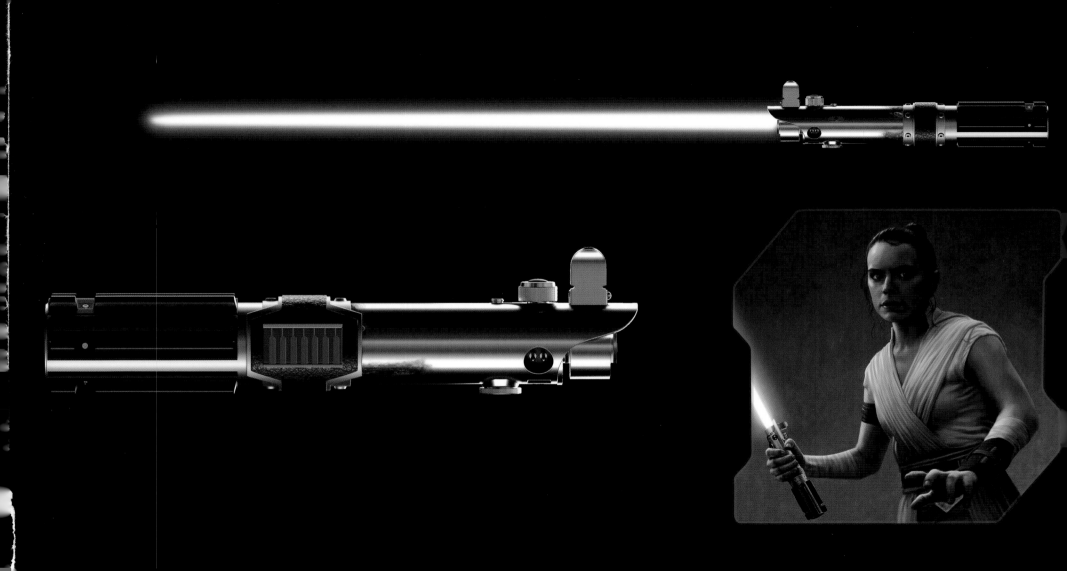

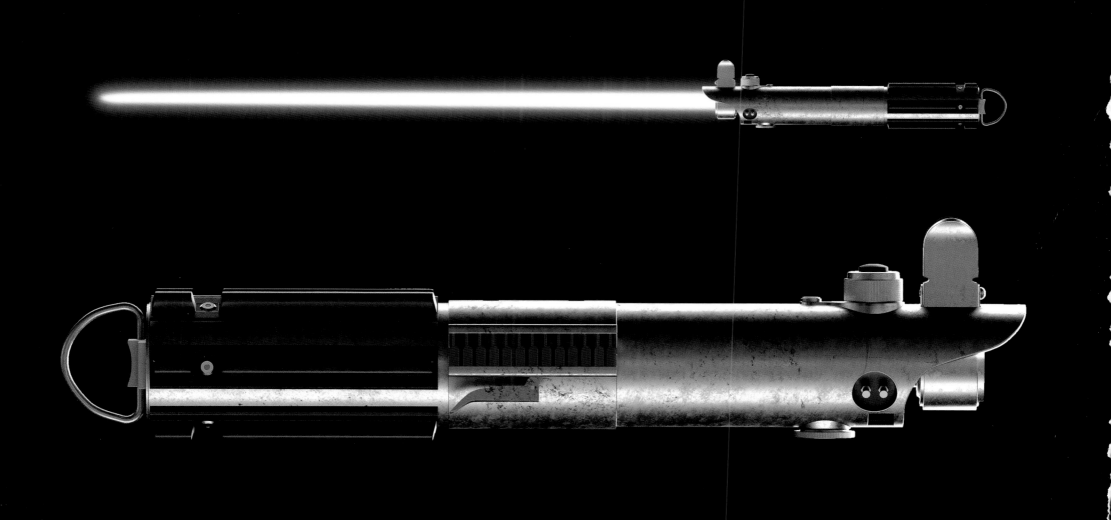

퀸란 보스
QUINLAN VOS

TV 애니메이션 시리즈《클론 전쟁》시즌 3에 처음으로 등장하는 제다이 마스터 퀸란 보스는 매우 자신감이 넘치는 사람이다. 여러 가지 일에 엄격하게 임하는 오비완 케노비(Obi-Wan Kenobi)와 가장 대척점에 있는 인물일지도 모른다. 원래는 파다완(Padawan)인 에일라 세큐라와 함께 코믹스에 등장했는데,《클론 전쟁》에서 인기를 끌어《스타워즈 에피소드 3: 시스의 복수》에서 오비완은 "보스의 군대는 보즈 피티(Boz Pity)로 이동했어."라고 언급하기에 이른다.

《클론 전쟁》의 총감독인 데이브 필로니(Dave Filoni)는 이 TV 애니메이션 시리즈에서 퀸란 보스가 다크 사이드에 빠져드는 이야기를 아사즈 벤트리스(Asajj Ventress)와의 로맨스와 함께 세세하게 그려내려고 했다. 결국, 이것은 실현되지 못했고, 크리스티 골든(Christie Golden)의 소설 『어둠의 제자(Dark Disciple: Star Wars)』(2016)에서 그려지게 된다.

퀸란 보스의 라이트세이버는 녹색 블레이드를 발동하며 긴 자루의 아래쪽 반은 홈이 파여 있어서 잡기 쉽게 되어 있다. 내부의 부품은 튼튼한 합금판으로 단단히 밀폐되어 표면에는 발동 버튼 이외에 조작장치는 거의 붙어 있지 않다.

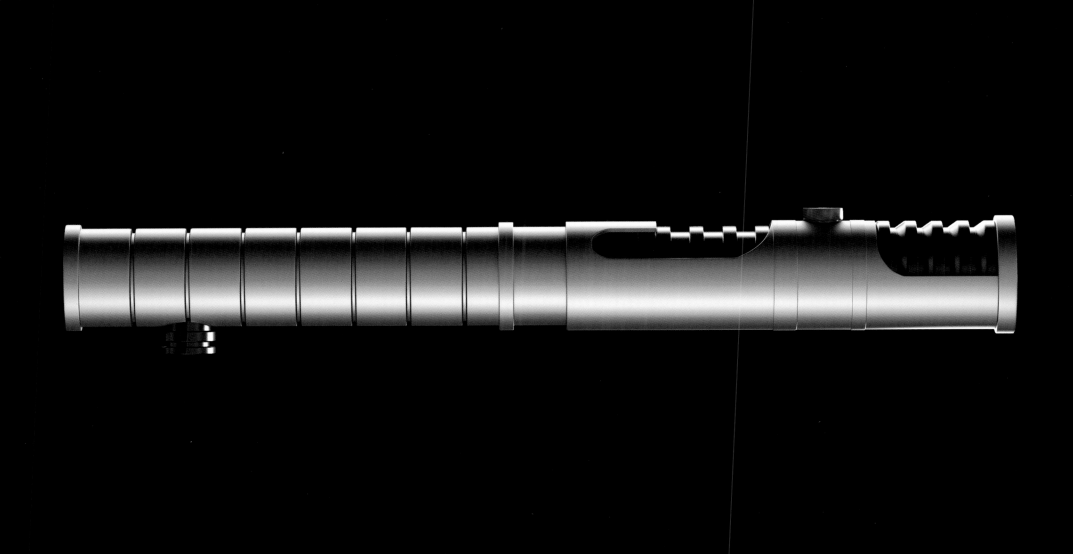

샥 티
SHAAK TI

《스타워즈 에피소드 2: 클론의 습격》에 처음으로 등장하는 제다이 마스터 샥 티는 행성 쉬리(Shili) 출신의 토그루타(Togruta)
족이다. 토그루타 족은《클론 전쟁》의 아소카 타노의 활약으로 잘 알려져 있다. 머리의 뿔은 속이 비어 있어서 반향정위
(echolocation, 박쥐 등이 자신이 발하는 초음파의 반사를 파악해서 물체의 위치를 아는 것)를 만들어내기에, 샥 티도 아소카 타노도 적에게
둘러싸여도 우위에 설 수 있다.

    샥 티의 라이트세이버는 듀라스틸(장갑이나 건물의 재료로서 사용되는 합금)과 구리로 만들어졌고, 내장된 카이버 수정이 푸
른 에너지 블레이드를 발동한다. 자루는 깔끔하게 결합되어 세련되게 완성되었다. 많은 라이트세이버와 비교해서 심플하
며, 크고 평평한 다이얼 버튼이 달려 있다.

    올리 쇼산(Orli Shoshan)이 프리퀄 3부작에서 연기했고, 타시아 발렌자(Tasia Valenza)가《클론 전쟁》에서 목소리를 담당했
다.

    쇼산은 다음과 같이 말한다.

    "샥 티의 메이크업을 하는 데는 언제나 4시간 걸렸습니다. 코스튬도 무겁고, 머리에는 뿔이 두 개 나 있고, 꼬리도 길고,
긴 치마도 입어야 했죠. 움직이는 것이 힘들었습니다! 하지만 이런 멋있는 캐릭터를 연기할 수 있어서 굉장히 기뻤습니다.
제다이 마스터가 될 수 있었으니까 최고죠."

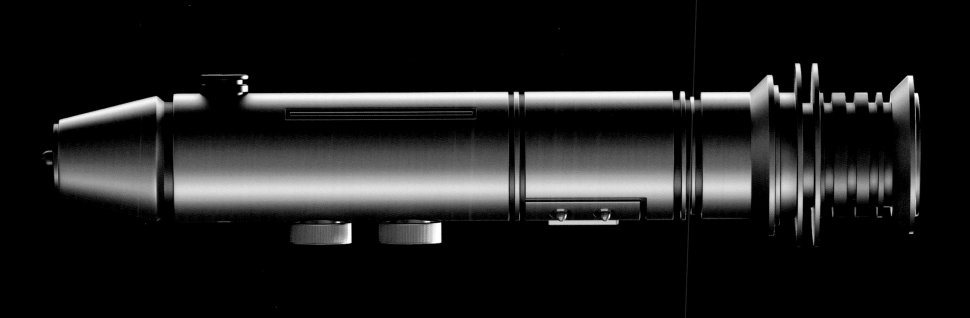

사이포 디아스
SIFO-DYAS

《스타워즈 에피소드 2: 클론의 습격》에서 어둠에 둘러싸인 클론 부대를 조사하기 위해 카미노(Kamino) 행성으로 향한 오비완 케노비(Obi-Wan Kenobi)는 카미노의 수상 라마 수(Lama Su)로부터 "마스터 사이포 디아스한테 납기일을 맞출 수 있다고 전해줘요."라는 말을 듣는다. 오비완이 "마스터… 누구라고요?"라고 되묻자, 라마 수는 "제다이 마스터 사이포 디아스는 제다이 원탁회의 지도자 아니오?"라고 묻는다.

라마 수가 말한 대로다. 제다이 마스터 사이포 디아스는 예지능력을 가졌으며, 시스가 대두할 것을 예견하고 나부 전투(Battle of Naboo) 전에 카미노 족(Kaminoan)에게 공화국의 클론 트루퍼 제조를 비밀리에 의뢰한 것이다. 그러나 시스의 암흑 군주 두쿠 백작(Count Dooku)은 계획을 알고 사이포 디아스를 살해, 오비완이 카미노 행성을 찾았을 무렵에는 카미노의 클론 프로젝트는 이미 시스에게 넘어간 지 몇 년이나 지났다.

사이포 디아스는 이름만 언급될 뿐 영화에 등장하지는 않지만, 코믹스에서는 회상 장면에 나오고, TV 애니메이션 시리즈 《클론 전쟁》에서도 포스의 비전으로 등장한다. 푸른 블레이드의 라이트세이버를 발동하는 자루에는 매끄러운 표면의 실린더가 부착되어 있고, 그것을 금속 밴드 몇 장이 감싸고 있으며, 캡이 달린 자루 끝이 움푹 들어간 부분에서 얼핏 보인다.

《클론 전쟁》 시즌 6에서 플로 쿤은 스파이스 상인의 카르텔 파이크 신디케이트(Pyke Syndicate)가 있던 오바 디아(Oba Diah) 행성에서 사이포 디아스의 것으로 보이는 라이트세이버를 발견한다. 이것으로 제다이 평의회는 파이크 신디케이트가 두쿠 백작에게 고용되어 사이포 디아스를 살해했다는 것을 밝혀낸다.

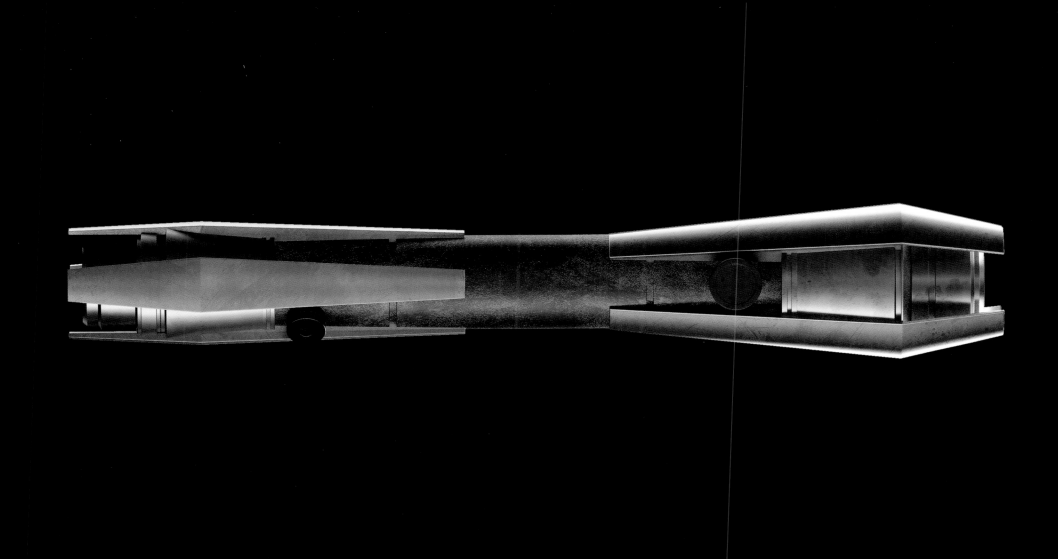

스텔란 지오스
STELLAN GIOS

고 공화국(High Republic, 스타워즈 사가의 200년 전) 시대, 스텔란 지오스는 제다이 마스터 라나 칸트(Rana Kant)의 파다완(Padawan)으로서 제다이 오더에 받아들여진다. 지오스는 스승은 다르지만, 같은 파다완인 아바 크리스(Avar Kriss)와 엘자르 만(Elzar Mann)과의 유대를 돈독히 한다. 지오스는 세 명 중에서도 가장 이성적이고 제다이의 전통을 중요시하는 인물이다.

지오스의 라이트세이버는 크로스가드가 달린 기품있는 것으로, 날이 넓은 검(broadsword)처럼 자연스럽게 양손을 모아서 겨누게 된다. 크로스가드의 양 날밑은 블레이드가 발동되지 않을 때는 앞을 향해서 접을 수 있으므로, 긴급할 때 이외에는 칼집 등에 간수해 둘 수 있다. 자루는 흑색과 은색과 금색으로 선명하게 꾸며져 있다. 라이트세이버를 발동하면 크로스가드 사이에 블레이드가 펼쳐져 제2의 검을 만들어낸다.

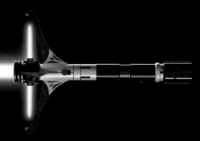

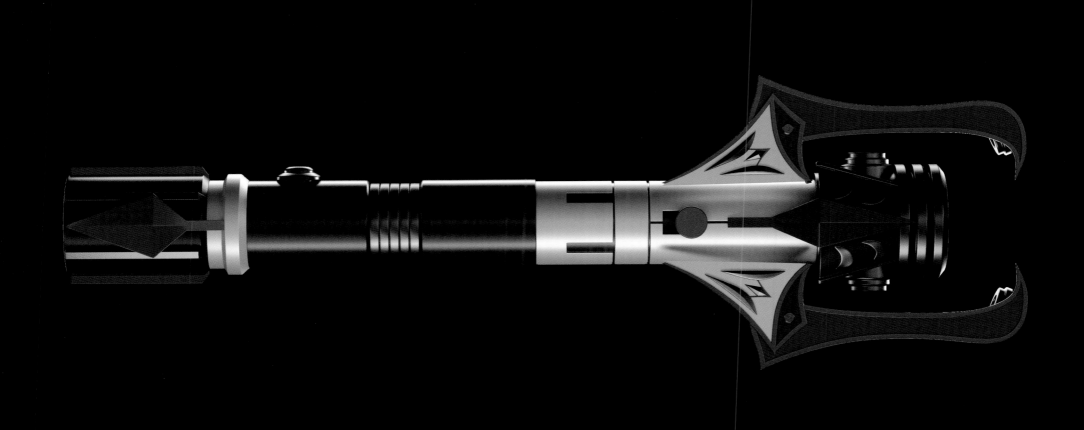

테라 시누베
TERA SINUBE

테라 시누베의 라이트세이버는 보통 때는 지팡이로 사용되는데, 긴급할 때에는 강력한 에너지 블레이드를 발동한다.

시누베의 '검지팡이(saber cane)'는 얼핏 보기에 전혀 무기처럼 보이지 않지만, 자루끝에 T자 모양의 핸들이 달려 있고 코지아(Cosia) 행성에서 나는 나무로 만든 샤프트를 꼬아서 그 끝에 얇은 막대를 연결했다. 얇은 막대 끝에는 둥글고 평평한 지팡이 끝이 달려 있다.

코지아 행성에서 태어난 코지안(Cosian)인 시누베는 보통 때는 지팡이처럼 보이는 이 라이트세이버로 아픈 다리를 지탱하면서 걸어서 강한 전사로 생각되지 않는다. 그러나 막상 전투가 벌어지면 지팡이 끝을 뽑아내고 T자형 핸들에서 푸른색 에너지 블레이드를 발동한다.

푸른색 에너지 블레이드뿐 아니라 뽑아낸 지팡이 끝과 막대도 강력한 곤봉으로 삼아 상대를 때려눕힌다.

《클론 전쟁》 시즌 2, 「라이트세이버, 잃어버리다」에서 테라 시누베는 이 검지팡이로 아소카 타노가 잃어버린 라이트세이버를 찾아낸다.

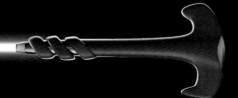

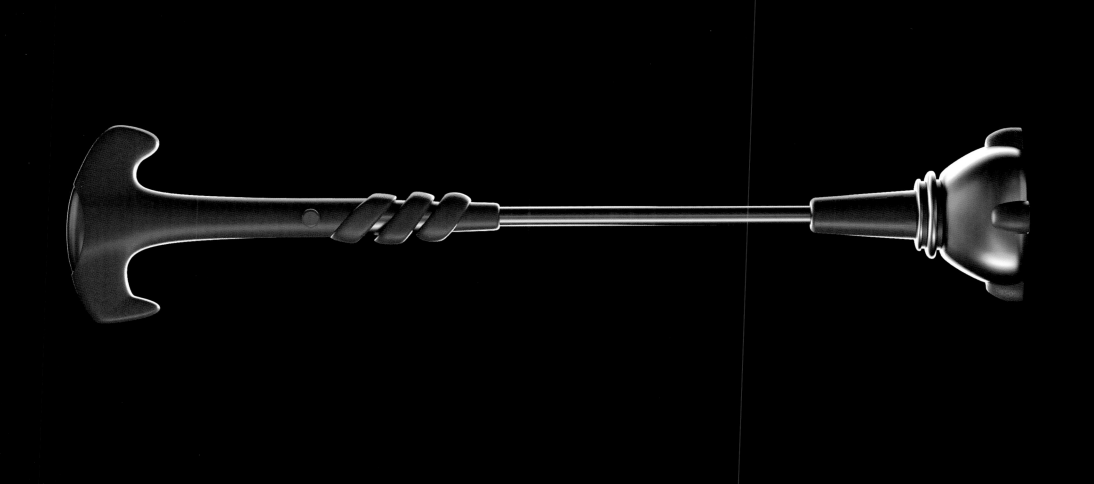

요다
YODA

《스타워즈 에피소드 5: 제국의 역습》에서 처음 등장하는 요다를 보고, 영화를 보는 사람도 루크 스카이워커(Luke Skywalker)도 반드시 이렇게 생각할 것이다.

이 주름투성이에 작고 늙은 크리처가 정말로 위대한 제다이 마스터인가?

요다는 "전쟁은 사람을 위대하게 만들지 못해."라고 말하며 평화의 소중함을 강하게 설파한다.

그러나 싸워야 할 때는 싸운다. 《스타워즈 에피소드 2: 클론의 습격》에서는 라이트세이버를 들고 두쿠 백작(Count Dooku)을 상대하는데, 짧지만 격렬한 전투를 펼친다. 아크로바틱한 움직임부터 전광석화와 같은 날랜 솜씨로 라이트세이버를 구사한다. 《스타워즈 에피소드 3: 시스의 복수》에서는 다스 시디어스(Darth Sidious)와 (불행한 결말로 끝나고 말지만) 당당하게 맞선다.

면밀히 살펴보면 요다의 라이트세이버는 자루도 블레이드도 대부분의 라이트세이버보다 짧다. 일반적인 라이트세이버 사용자가 부차적으로 사용하는 짧은 라이트세이버 같아 보인다. 이것이 요다의 몸 크기에는 딱 맞다. 요다는 이 라이트세이버를 보통 때는 허리가 아니라 옷 안에 숨긴다.

은색의 실린더 본체 위에 검은 핸드 그립, 발동 버튼에서 자루 끝을 향해서 뻗은 중앙부에 끼워진 검은 관이 눈을 끈다. 실린더에는 상처가 무수하게 나 있어서 요다가 몇백 년이나 계속 싸워왔음을 알 수 있다.

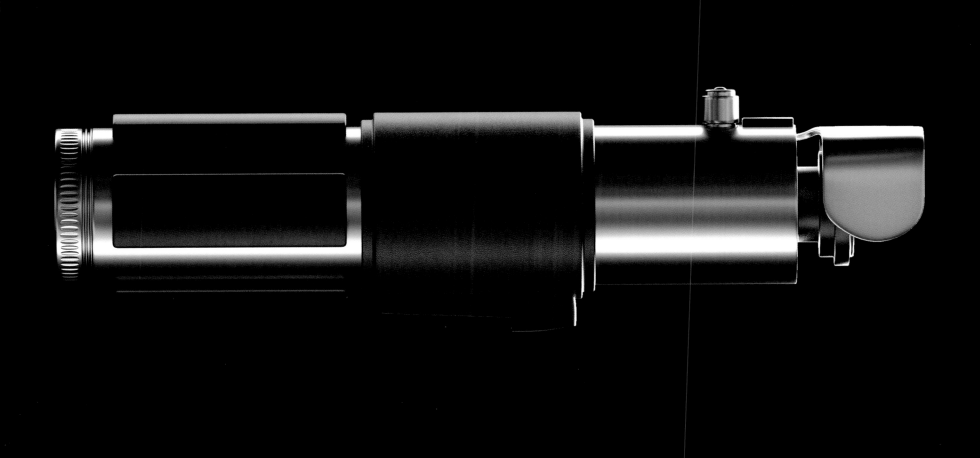

연습용 라이트세이버
TRAINING LIGHTSABER

제다이 사원의 영링, 혹은 이니시에이트가 파다완(Padawan) 견습이 되는 것은 10대가 되어서다. 라이트세이버를 다루는 것은 3세부터 배운다. 《스타워즈 에피소드 2: 클론의 습격》에서 마스터 요다(Master Yoda)가 영링 아이들에게 라이트세이버를 가르치는 장면이 있다.

"너희들 주변의 포스를 느껴봐"

요다의 그 목소리를 들으면서, 아이들은 시야를 가리는 헬멧을 쓰고 날아오는 허버링 볼을 라이트세이버로 튕긴다.

연습에서 쓰이는 라이트세이버의 길이는 대체로 16.5cm이며, 아이들의 손에 딱 맞는 작은 것이다. 자루는 듀라스틸(장갑이나 건물의 소재로 사용되는 합금)과 구리와 강화 플라스틱으로 튼튼하게 만들어졌다. 제다이의 연습용 라이트세이버로서 몇 백 명, 아니 몇천 명이나 역대 이니시에이트가 사용해왔으므로 자루는 여기저기가 굉장히 닳아 있다.

청색 혹은 녹색의 에너지 블레이드를 발동하는데, 강도는 약하게 설정되어 있어서 크게 다칠 일은 없다. 그러나 무턱대고 휘두르면 피부의 감각이 한순간 마비되므로 누구도 그렇게 따끔한 맛을 보고 싶지 않아서 라이트세이버를 취급할 때는 진지하게 숙달되려고 한다.

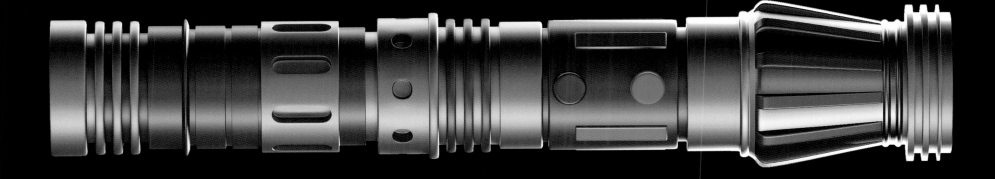

고대의 크로스가드 라이트세이버
ANCIENT CROSSGUARD LIGHTSABER

카일로 렌의 크로스가드가 튀어나오는 블레이드 세 개짜리 라이트세이버가 《스타워즈 에피소드 7: 깨어난 포스》에서 등장한다. 그러나 스타워즈 유니버스에서는 이것이 첫 등장은 아니다. 아득한 옛날부터 제다이와 시스의 대결에서 많이 등장하며, 《스타워즈 반란군》 시즌2에서도 볼 수 있다. 오더 66(Order 66)에서 살아남은 제다이인 에즈라 브리저, 케이넌 제러스, 아소카 타노, 이 세 명은 말라코어(Malachor) 행성에 남겨진 금단의 수수께끼를 밝혀내려고 고대 시스가 이 땅에 만든 거대한 사원에 잠입한다. 그들이 직면한 말라코어의 검은 지표면에는 여기저기에 무기가 흩어져 있고, 숨진 이들의 기념비가 세워져 있다. 에즈라 브리저는 본 적도 없는 라이트세이버에 이끌리고, 이것을 발동하자 블레이드에 더해 크로스가드가 날밑 양쪽에서 튀어나온다. 진흙투성이의 라이트세이버는 잠시 밝은 빛을 발했으나 어느새 꺼진다.

에즈라가 발견한 크로스가드 라이트세이버는 아주 먼 옛날 만들어진 것인데, 자루를 형성하고 있는 메탈릭 실린더나 홈이 연달아 나 있는 핸드 그립, 눈을 끄는 두 개의 컨트롤 버튼 등 현대의 라이트세이버에서 볼 수 있는 특징도 확인할 수 있다. 이 크로스가드 라이트세이버는 녹색 블레이드를 발하는데, 이 점으로 미뤄 시스가 아니라 제다이의 것이라고 생각된다.

《스타워즈 반란군》의 제작 총지휘 중 한 명인 데이브 필로니(Dave Filoni)는 크로스가드가 붙은 고대의 라이트세이버를 반란군들에게 들게 함으로써 카일로 렌이 역사에 관심이 있음을 나타내려고 했다. 카일로 렌이 시간을 들여 제다이와 시스의 역사를 읽고, 양 진영의 고대 전사들과 그들이 손에 넣은 희귀한 자루의 라이트세

이버에 관해 철저히 조사하여 자신의 라이트세이버를 만들 때 참고했다고 여기도록 한 것이다.

ACOLYTES OF THE DARK SIDE
다크 사이드를 따르는 자들

다크 세이버
THE DARKSABER

1000년 전 타 비즐라(Tarre Vizsla)가 만달로어 족(혹은 만달로리안Mandalorian)으로서 첫 제다이 기사가 되고, 그가 만들어낸 다크 세이버가 다른 것들을 제치고 제다이의 상징이 된다. 전설에 따르면 누구든 다크 세이버를 손에 넣은 자가 만달로리안들의 통치자가 된다. 다크 세이버는 후에 제다이의 라이트세이버로 이어지게 되는데, 색도 형태도 다르다. 검은 칼날은 금속의 검처럼 끝이 뾰족하고 전체적으로 뻗어 있는 균열을 플라즈마 에너지가 감싼다. 칼날은 라이트세이버처럼 둥글지 않고, 폭이 좁게 각져 있으며, 얇은 직사각형의 자루에서 뛰어나오게 되어 있다.

　　다크 세이버는 클론 전쟁(The Clone Wars) 중에 데스 워치(Death Watch)를 이끄는 만달로리안 프리 비즐라(Pre Vizsla)의 검으로서 《클론 전쟁》에 처음 등장한다. 그 후는 제다이 마스터인 콰이곤 진(Qui-Gon Jinn)과 파다완(Padawan)인 오비완 케노비(Obi-Wan Kenobi)에게 패배하여 간신히 생명은 건지지만, 시스 군주에서 실각한 몰(예전에는 다스 몰Darth Maul)이 비즐라를 쓰러뜨리고 손에 넣는다. 그러나 《스타워즈 반란군》에서는 만달로리안인 사빈 렌(Sabine Wren)에게, 그 후에는 보카탄 크리즈(Bo-Katan Kryze)에게 넘어가며, 둘 다 만달로리안 반란군의 지도자로서 제국과의 전투를 지휘한다.

　　"《클론 전쟁》에서 사용된 이미지를 발전시켜서 자루 부분의 외관과 디자인을 더욱 자세하게 표현하려고 했죠." 《스타워즈 반란군》의 미술 담당인 킬리언 플런켓(Kilian Plunkett)은 말한다. 플런켓은 다크 세이버를 《스타워즈 반란군》의 심플한 비주얼 이미지에 맞췄다. 다크 세이버는 실사판으로서는 《만달로리안》에서 처음 등장하며, 제국군 잔존 세력을 지휘하여 만달로리안 대학살에 관여한 모프 기드온(Moff Gideon)이 소유하고 있었음이 밝혀진다.

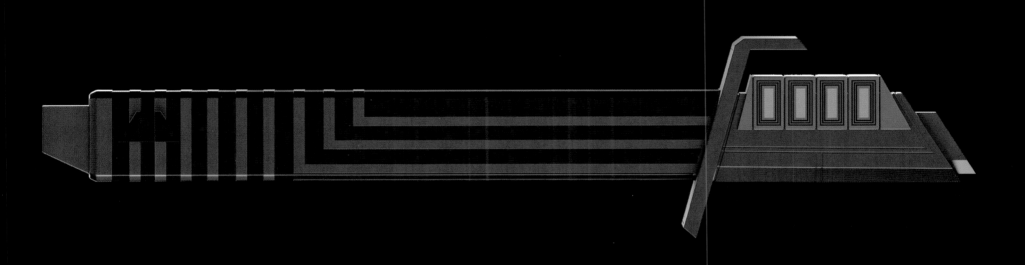

다스 몰
DARTH MAUL

《에피소드 1: 보이지 않는 위험》의 마지막 결투 장면에서 다스 몰은 콰이곤 진(Qui-Gon Jinn)과 오비완 케노비(Obi-Wan Kenobi), 이 두 제다이 앞을 가로막아 선다. 다스 몰의 라이트세이버 자루에서 발동된 붉은색 블레이드를 보고 콰이곤과 오비완은 얼굴이 굳는데, 그 순간 반대쪽에서 또 하나의 붉은 블레이드가 튀어나온다. 그때까지 아무도 영화에서 그런 것을 본 적이 없어서 여기서 다스 몰과 쌍날 라이트세이버는 《스타워즈》를 상징하는 이미지 중 하나가 된다.

다스 몰의 쌍날 라이트세이버 자루는 길고 블레이드를 양쪽에서 발동하여 지팡이를 찌르듯이 공격한다(별칭 세이버스태프Saberstaff). 전설에 따르면, 다스 몰은 금단의 시스 홀로크론(Sith Holocron, 시스가 정보를 저장하는 장치)에 남겨진 정보를 바탕으로 이것을 만들어냈다.

다스 몰의 세이버스태프의 자루는 약 50cm로 일반적인 라이트세이버보다 두 배나 길다. 양손으로 그립을 잡는 데다가 두 자루의 블레이드를 발동하는 데 사용되는 출력장치도 보통보다 커져야 했기 때문이다. 양쪽의 평편한 에미터에서 붉은색 에너지 블레이드가 발동되며, 자루에 블레이드의 강도를 조정하는 다이얼이 일정한 간격으로 배치되어 있다. 상처도 움푹 들어간 곳도 볼 수 없어서 막 만든 것 같지만, 아마도 그때까지 시스가 계속 어둠 속에 잠복해 있었고 여기서 다스 몰이 처음으로 모습을 드러냈기 때문이다.

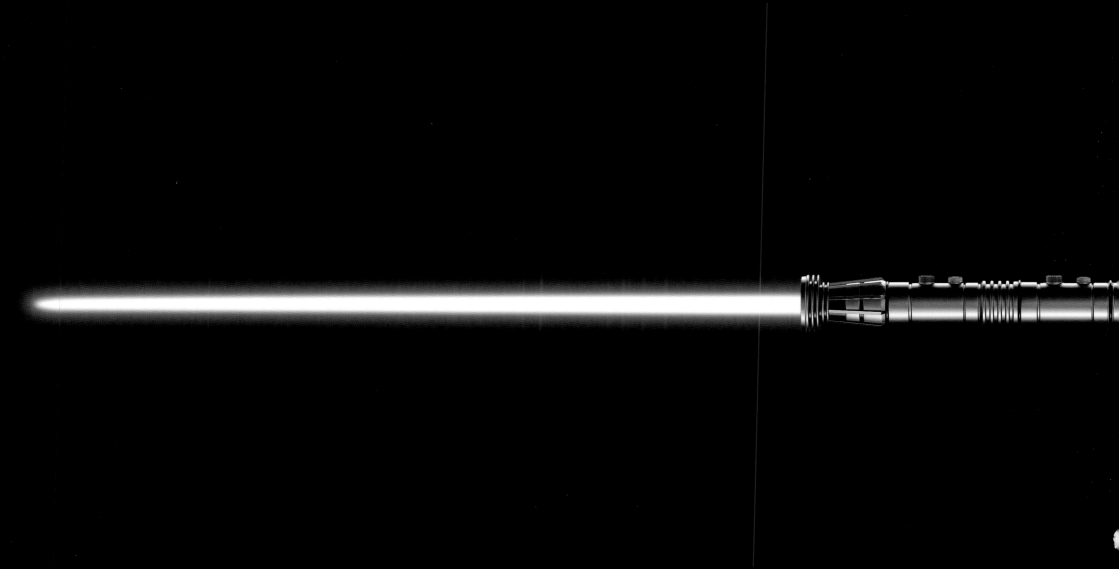

다스 아트리어스
DARTH ATRIUS

전설에 따르면, 다스 베이더(Darth Vader), 다스 시디어스(Darth Sidious), 다스 몰(Darth Maul) 등의 군주는 불길한 시스의 전통을 계승했다. 시스 군주가 되기 위해서 '다스(Darth)'로 시작하는 이름을 새로이 내려받게 된다. 다스 아트리어스(Darth Atrius)도 그 중 한 명으로, 그 이름은 《스타워즈》 코믹스에 나온다. 밀매상 사나 스타로스(Sana Starros, 《스타워즈: 스카이워커의 습격》에 나오는 여성 캐릭터)가 범죄조직의 보스로부터 거액을 가로채려고 다스 아트리어스의 희귀한 두 라이트세이버를 찾아낸다.

　　다스 아트리어스의 두 라이트세이버는 고액에 인수된다. 오래되어 가치 있는 물건인 데다가 크로스가드가 붙어 있어서 초자연적 요소를 갖추고 있기 때문이다. 이것을 손에 넣은 자는 누구나가 살인의 마력에 사로잡힌다는 전설이 있다. 분노를 폭발시켜 적을 차례차례 베어 버리는 다스 아트리어스에게 썬 피의 갈망이 되살아난다. 두 라이트세이버 모두 컨트롤 버튼이 안에 들어 있고, 에미터 슈로드(emitter shroud, 블레이드 방출구에 붙어 있는 덮개)도 비스듬하게 깎여 있거나 홈이 나 있어서 끝과 귀퉁이는 뾰족하다.

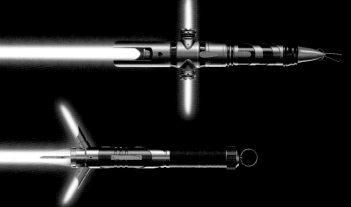

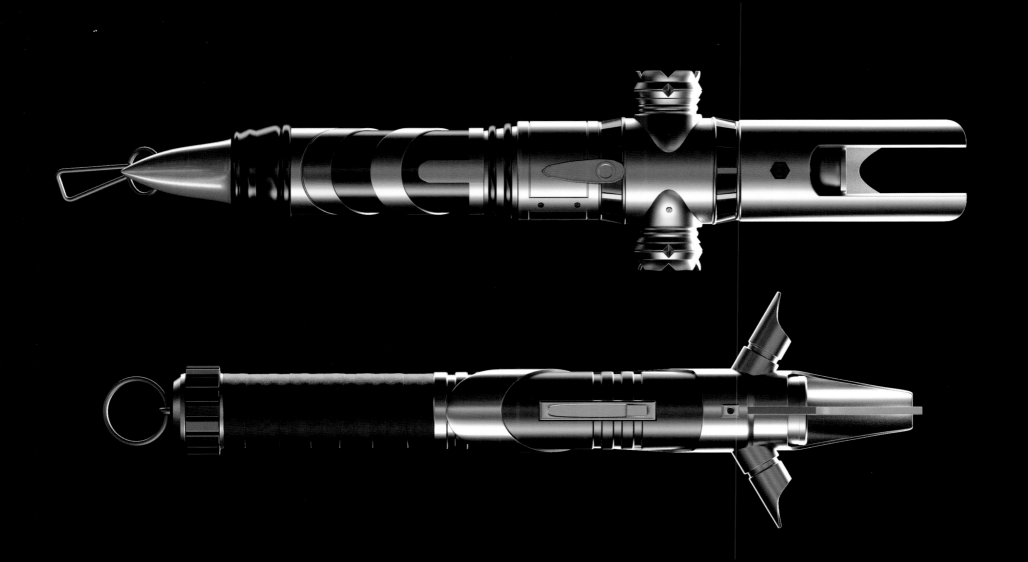

다스 시디어스
DARTH SIDIOUS

시스 군주 다스 시디어스는 은하계 사상 손꼽히는 포스 사용자이지만, 직접 손을 더럽히지 않고 전황을 조작하는 것을 좋아한다. 나부(Naboo)의 대표의원에서 공화국의 최고의장이 된 팰퍼틴(Palpatine)은 거의 누구의 의심도 사지 않고 클론 전쟁(The Clone Wars)을 뒤에서 조종해서 제다이를 궤멸 상태에 이르게 한다.

시디어스의 붉은 블레이드 라이트세이버 자루는 19cm의 작은 크기로, 유기 금속으로 만들어졌다고 여겨질 만큼 매끄러운 표면으로 가공되어 있다. 전설에 따르면 파괴가 거의 불가능한 합금인 프리크(Phrik)로 만들어져 있고, 금색의 블레이드 에미터는 오로디움(Aurodium, 수정의 일종으로 무기의 부품이나 장비의 개량에 사용된다)으로 되어 있다. 시디어스는 이것을 코러산트(Coruscant)의 원로원 빌딩 집무실에 놓인 동상 팔 부분에 감춰두었다. 제다이 마스터 메이스 윈두(Mace Windu)와 킷 피스토(Kit Fisto), 세시 틴(Saesee Tiin), 에이젠 콜러(Agen Kolar)가 팰퍼틴을 잡으러 집무실에 들어 왔을 때, 그는 갑자기 소매에서 라이트세이버를 꺼내서 네 명을 공격한다. 시디어스는 이 라이트세이버를 두 자루 가지고 있어서 TV 애니메이션 시리즈 《클론 전쟁》에서는 두 자루를 동시에 휘두른다.

스턴트를 담당한 닉 길라드(Nick Gillard)는 다스 시디어스를 최고 수준의 라이트세이버 사용자로 보았다.

"《스타워즈 에피소드 2: 클론의 습격》에서 캐릭터에 점수를 매겨야만 했습니다. 시디어스는 라이트세이버 사용자로서 레벨 9에 해당하죠. 《스타워즈 에피소드 3: 시스의 복수》의 오비완(《에피소드 2》때보다 올라서)은 레벨 8, 아나킨은 레벨 9, 메이스는 레벨 9, 요다도 레벨 9입니다. 모두 시디어스와 같은 수준에 올라 있습니다."

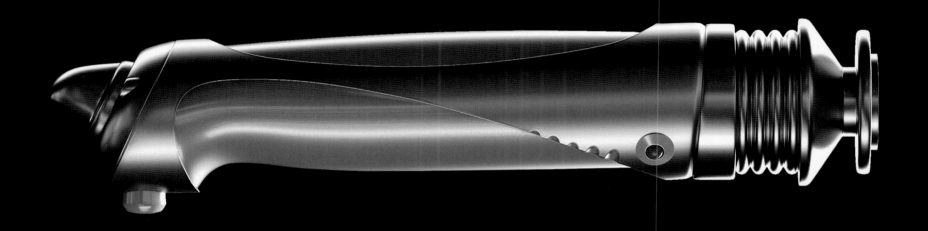

다스 베이더
DARTH VADER

아나킨 스카이워커(Anakin Skywalker)는 다크 사이드에 빠진 후, 수 시간 제다이의 푸른 블레이드를 발하는 라이트세이버를 치켜들고 제다이 사원의 영링(youngling)들을 몰살한다. 무스타파(Mustafar)에서 오비완 케노비(Obi-Wan Kenobi)에게 패하여 이 라이트세이버를 잃어버리고, 전신 재생 수술을 받아 다스 베이더로서 다시 태어나지만, 새로운 라이트세이버를 찾는 것은 그 이후다. 당분간은 키락 인필라(Kirak Infil'a,《다스 베이더: 시스의 암흑 군주》에 등장하는 제다이 마스터)의 자루가 굽은 라이트세이버를 사용하지만 만족하지 못하고, 스스로 새로운 라이트세이버를 설계하여 붉게 변색된 카이버 수정을 박아 넣는다.

다스 베이더의 라이트세이버는 제다이 시절의 아나킨 스카이워커의 것과 외관은 비슷하다. 빛나는 은 합금으로 만들어진 단단한 자루에 검은색이 선명하게 비친다. 핸드 그립에 검은 핀이 수평으로 나와 있고, 파워 셀은 매트 가공된 검은 커버로 싸여 있다. 내부에 두 개의 수정이 박혀 있는 듀얼 페이즈 라이트세이버(Dual-phase lightsaber)이며, 조정 노브로 블레이드의 길이도 파워도 조절할 수 있다.

다스 베이더는 오리지널 3부작에서 이 라이트세이버를 무기로 삼아 데스 스타의 함 내에서 만난 오비완 케노비를 쓰러뜨리며, 클라우드 시티에서는 루크 스카이워커(Luke Skywalker)의 손을 벤다. 이 라이트세이버는《스타워즈 에피소드 6: 제다이의 귀환》에서 두 번째 데스 스타의 붕괴와 함께 사라지는데,《로그 원: 스타워즈 스토리》에서 이것을 휘두르는 다스 베이더의 모습을 다시금 볼 수 있다. 여기에는 그 장면에서 볼 수 있는 것을 재현했다.

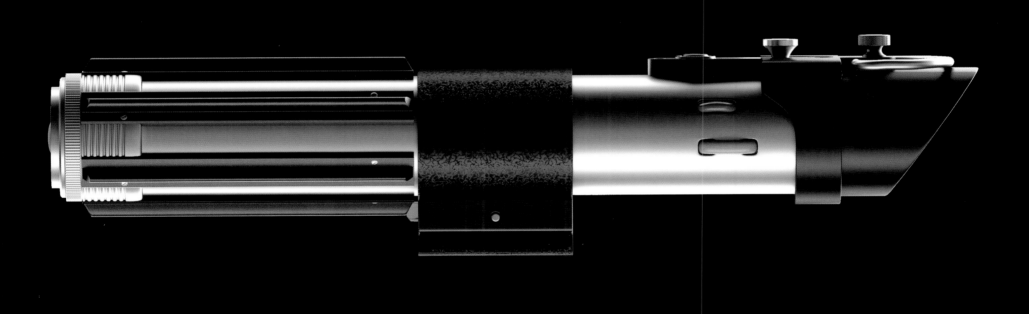

아사즈 벤트리스(클론 전쟁)
ASAJJ VENTRESS(CLONE WARS)

아사즈 벤트리스는 두쿠 백작(Count Dooku)의 제자로, 《스타워즈 에피소드 2: 클론의 습격》과 《스타워즈 에피소드 3: 시스의 복수》 사이의 에피소드에 처음 등장한다. 《에피소드 2》의 컨셉 아트에서 태어나서 니카 푸터만(Nika Futterman)이 TV 애니메이션 시리즈 《클론 전쟁》에서 목소리를 담당한다.

"'아사즈는 왜 이렇게 되어버렸을까?' 하고 생각하지 않을 수 없었습니다. 이 캐릭터에 대해서 이것저것 논의되는 것은 그런 점 때문일 겁니다. 실로 역사적인 감각을 지니고 있고, 개인의 내적 투쟁을 경험한 인물입니다."라고 푸터만은 말한다.

벤트리스는 다쏘미르(Dathomir) 행성 출신의 여성으로 랏타타크(Rattatak) 행성에서 노예로서 유소년기를 보내는데, 끝내 는 포스의 힘으로 랏타타크를 자신의 것으로 만든다. 두쿠 백작은 자신에게 사사하면 암흑 군주가 될 수 있다고 그녀를 넌 지시 떠본다. 두쿠의 지도를 받아 벤트리스는 라이트세이버를 두 자루 사용한 전투 스타일인 '자 카이(Jar'Kai)'를 마스터한다.

벤트리스의 두 라이트세이버의 자루는 모두 두쿠 백작의 것과 마찬가지로 구부러져 있다. 구부러져 있는 데다가, 은 색과 검은색의 줄무늬가 들어간 핸드 그립은 마치 살아 있는 동물 같다. 두 자루를 이으면 S자 형태의 쌍날 라이트세이버 가 된다.

아사즈 벤트리스는 최종적으로 두쿠에게 배신당하고 고향 다쏘미르에서 밤의 자매들(Nightsisters, 다쏘미르의 마녀들)과 재 회하여 두쿠에게 복수를 기도한다.

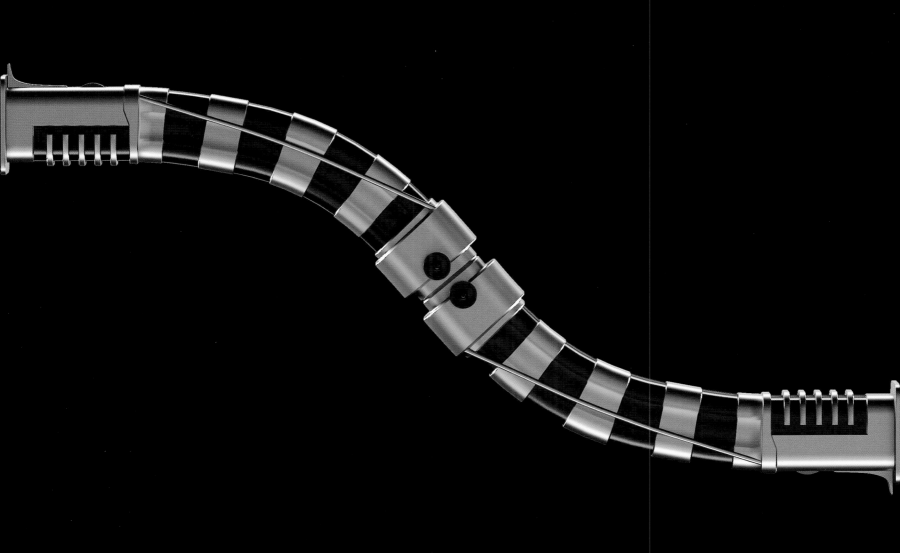

아사즈 벤트리스(파다완)
ASAJJ VENTRESS(PADAWAN)

TV 애니메이션 시리즈《클론 전쟁》에서 아사즈 벤트리스는 매우 흥미로운 캐릭터 중 하나다. 처음에는 강력한 암살자로 등장하는데, 마지막은 시스의 교의에서 도망치려 한다. 두쿠 백작(Count Dooku)으로부터 멀어져 다쏘미르(Dathomir)의 밤의 자매들(다쏘미르의 마녀들)과 연결되어 자신을 다시 바라보고 현상금 사냥꾼으로 살아가려고 마음먹는다.

"(아사즈 벤트리스는) 머리가 좋아서 깜짝 놀랐습니다."라고 목소리 연기를 맡은 니카 푸터만은 말한다. "내 목소리는 굉장히 혼란스럽다고 할까, 무서운 느낌이 들 것입니다. 무서운 캐릭터를 연기하는 것은 정말 좋아요!"

《클론 전쟁》시리즈를 위해서 몇 가지 스토리가 쓰였는데, 제다이 마스터인 퀸란 보스와의 연애를 포함해 벤트리스의 모험은 모두 제작에 이르지는 못했다. 그중 몇몇은 스타워즈 소설로 읽을 수 있다. 그러나 여기에 소개하는 라이트세이버 등,《클론 전쟁》을 위해 만들어진 애니메이션 이미지를 TV 애니메이션 시리즈에서 볼 수는 없다.

대신 제다이 마스터 카이 나렉(Ky Narec) 아래에서 지도를 받는 파다완(Padawan)인 그녀가 이 라이트세이버를 휘두르는 짧은 장면이 더해졌다.

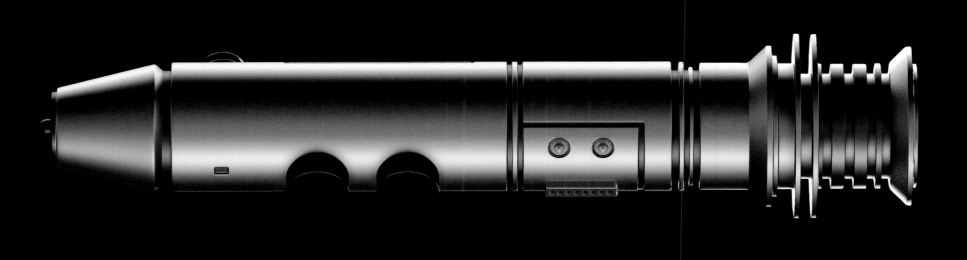

두쿠 백작
COUNT DOOKU

제다이 오더를 이탈하기 이전, 두쿠 백작은 은하 외곽의 세레노(Serenno) 행성의 의원이기도 했다. 이에 따라 분리주의 연합의 우두머리가 되어 백작의 칭호를 얻은 것도, 이 라이트세이버를 선택한 것도 설명이 된다.

자루가 휘어 있는 두쿠의 라이트세이버는 강력한 권총을 겨누는 것처럼 잡아야 한다. 전통적인 라이트세이버 결투에서 찌르기와 되찌르기를 예상한 것으로, 품위 없는 자가 예의 없이 난도질하기 위해서 설계된 것이 아니다.

두쿠를 연기한 것은 노련한 배우인 크리스토퍼 리(Christopher Lee)로, 격렬한 대결장면은 스턴트맨이자 수석 디렉터인 카일 롤링(Kyle Rowling)이 맡았다.

"저 자신 이상으로 영화에서 검 대결을 연기한 배우는 없으리라 생각합니다. 그렇지만《스타워즈》는 지금까지 중에서 최고의 결투가 되었습니다."라고《스타워즈 에피소드 2: 클론의 습격》에서 자신의 연기에 대해서 리는 말했다.

그리고 두쿠에 대해서 리는 이렇게 언급했다. "몹시 초연해서 결코 타인에게 마음을 열지 않고 두려워하는 것은 아무것도 없습니다. 분명히 광장한 힘을 숨긴 인물이죠. 부도덕한 것이 아니라 도덕적 기준을 갖추지 않은 겁니다. 도덕이라는 말은 그의 사전에는 없는 것이죠."

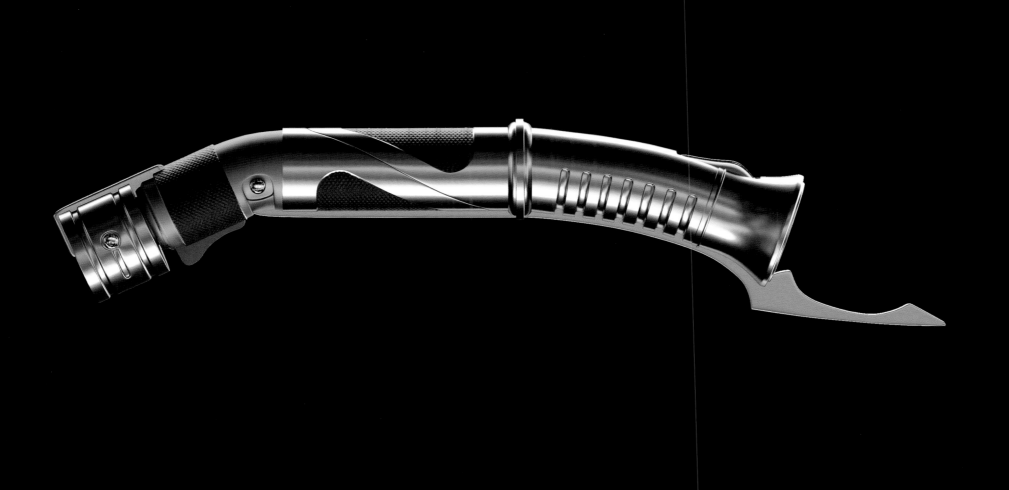

여덟 번째 형제
EIGHTH BROTHER INQUISITOR

TV 애니메이션 시리즈《스타워즈 반란군》과 액션 게임《스타워즈 제다이: 오더의 몰락》에서 황제 팰퍼틴(Palpatine)의 충실한 전사인 인퀴지터들은 오더 66(Order 66)에서 목숨을 부지한 제다이들을 포스로 찾아내어 목숨을 빼앗는다.

여덟 번째 형제는 곡예적인 움직임을 보이는 테러리안 장고 점퍼(Terrelian Jango Jumper) 족 남성이다. 호리호리한 몸을 눈에 보이지 않는 속도로 움직인다.《스타워즈 반란군》에서는 다른 인퀴지터들과 함께 시스를 떠난 몰(예전에는 다스 몰Darth Maul)을 수색하는 임무를 맡는데, 말라코어(Malachor) 행성에서 케이넌 제러스, 에즈라 브리저, 아소카 타노와 대결한다. 마지막에는 케어넌 제러스에게 몰려 회전식 쌍날 라이트세이버를 프로펠러로 삼아 날아가려 하지만 망가진 회전식 라이트세이버가 비행 중에 해체되어 추락사한다.

여덟 번째 형제의 라이트세이버는 다른 인퀴지터들의 것과 비교하면 둥글고 매끈하며, 완성도가 높아 보인다. 에미터 링과 일체가 된 자루는 링이 회전하여 주위에 바퀴살을 만들어낸다. 에너지 블레이드가 발동되지 않을 때는 링 표면의 숨겨진 홈에서 톱니가 나와서 둥근 톱이 되며 체술을 할 때 강력한 무기가 된다.

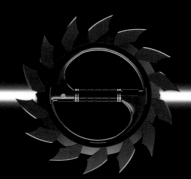

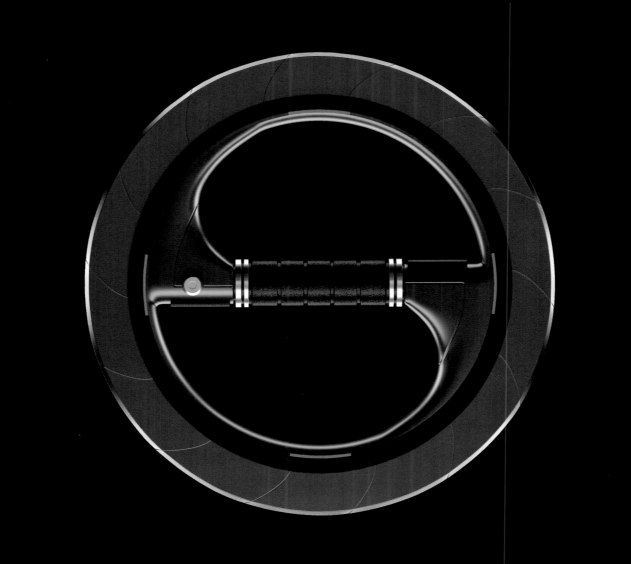

다섯 번째 형제
FIFTH BROTHER INQUISITOR

잿빛 피부의 휴머노이드 종족인 다섯 번째 형제는 예전에는 제다이 오더의 멤버로 은하제국 창세기에 인퀴지터(Inquisitor)가 되었다. 그 후에는 제국의 반란자를 살해하는 전사로서 훈련을 받았고, 제국을 위해 제다이 생존자를 말살하고자 움직이기 시작했다.

다른 인퀴지터와 마찬가지로 회전식 라이트세이버를 사용하는데, 다섯 번째 형제의 라이트세이버 에미터 디스크에는 넓고 움푹 들어간 부분이 두 곳 있다. 블레이드를 발동하는 양쪽의 에미터에는 과열되지 않게 작은 구멍이 몇 개나 뚫려 있다. 자루에는 중앙에서 분리할 수 있도록 은색과 검은색의 선이 비스듬하고 완만하게 달린다. 다섯 번째 형제는 자신이 대개의 상대보다 힘이 강하다고 굳게 믿고 있으며, 전투에서는 강력한 돌진력을 발휘한다.

처음으로 등장한 것은 TV 애니메이션 시리즈 《스타워즈 반란군》이며, 제작은 되지 않았지만 《스타워즈 에피소드 7: 깨어난 포스》의 컨셉 아트에서 이름 없는 다크 사이드의 악인으로서 그 모습을 확인할 수 있다. 《스타워즈 반란군》에서는 배우 필립 안소니 로드리게스(Philip Anthony-Rodriguez)가 목소리를 담당했다.

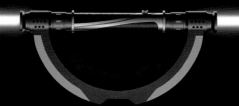

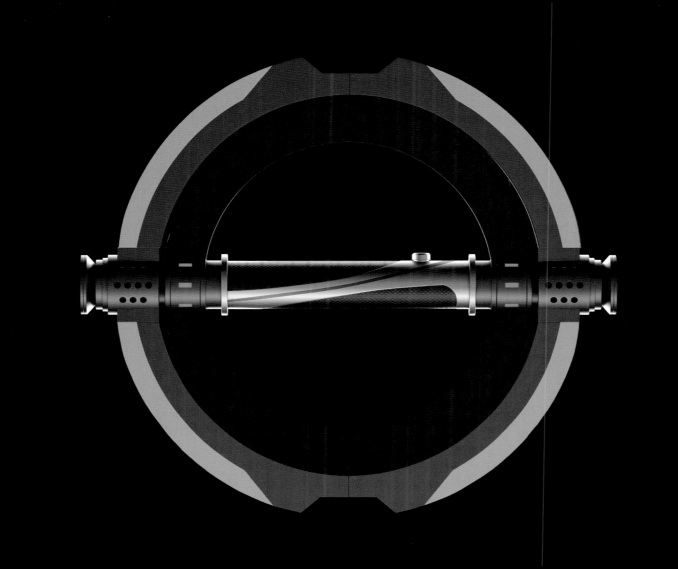

그랜드 인퀴지터
THE GRAND INQUISITOR

그랜드 인퀴지터는 제다이 오더를 따랐으나 다크 사이드로 전락하여 인퀴지터들의 리더가 된다. 《스타워즈 반란군》시즌 1에 등장하였고, 제이슨 아이작스(Jason Isaacs)가 목소리를 담당했다. 그랜드 인퀴지터의 쌍날 라이트세이버는 부하 인퀴지터들의 것과 기본적으로 같다. 둥근 에미터 링의 중앙에 자루가 있으며, 양쪽에 블레이드 에미터가 나와 있다. 에미터 링은 사용하지 않을 때는 반으로 접을 수 있다. 자루의 발동 버튼을 누르면 두 개의 블레이드가 튀어나와 에미터 링과 함께 급회전하여 한 장의 실드를 만들어낸다. 회전하는 에너지 블레이드와 함께 마이크로 리펄서리프트(micro Repulsorlift)가 작동하면 헬리콥터를 붙잡은 것처럼 비행할 수도 있다.

"그랜드 인퀴지터의 라이트세이버도 다른 인퀴지터들의 것과 공통요소는 필요하지만 다르게 보여야 했습니다."라고 《스타워즈 반란군》의 미술 담당 킬리언 플런켓(Kilian Plunkett)은 말한다. "거기에서 라이트세이버 자루의 이미지가 떠올랐는데, 이 블레이드를 회전시키면 리펄서리프트가 작동해서 인퀴지터를 놓치게 만들 수도 있겠다고 생각했죠."

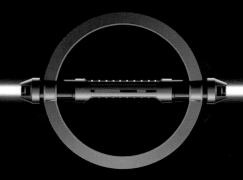

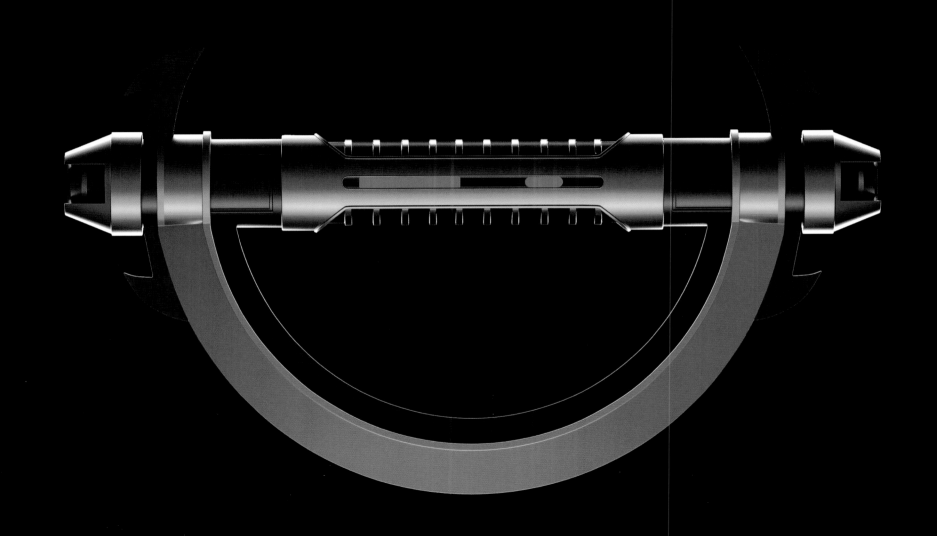

카일로 렌
KYLO REN

메인 에너지 블레이드의 뿌리에서 두 개의 크로스가드의 작은 날이 나오는 카일로 렌의 라이트세이버가 《스타워즈 에피소드 7: 깨어난 포스》의 예고편에 등장하자 팬들 사이에서는 뜨거운 논쟁이 일었다.

블레이드의 질이 다른 것 같다. 지금까지의 라이트세이버같이 감정이 없는 플라즈마 음이 아니라, 분노와 증오로 가득 찬 소리를 '치지직' 하고 발한다.

영화가 개봉되고 카일로 렌의 인물상이 확실해지자 그가 분노를 폭발시키는 이 라이트세이버를 만들어낸 이유가 확실해진다. 렌은 과거를 버리려고 하지만 지금도 과거에 붙들려 여러 생각이 이글이글 타오르고 있다. 렌도 렌의 라이트세이버도 작은 그릇에 너무나도 강력한 힘을 억누르고 있다.

자루는 다크 사이드에 빠지기 전, 벤 솔로로서 소유하던 것과 같지만 다시 만들었을 때 화염과 열기에 휩싸여 검게 탄 흔적을 확인할 수 있다. 금이 간 카이버 수정에서 블레이드로 전력이 보내지면, 플라즈마가 한계를 넘어 가동되어 과도한 에너지를 연소시켜 불꽃같은 블레이드가 발동된다.

메인 블레이드의 불꽃을 억누르기 위해서 카일로 렌은 날밑의 양쪽에 에미터를 수직으로 달았다. 이 크로스가드 디자인은 태곳적부터 있었던 것이지만 렌의 날이 넓은 검(broadsword)을 특징짓는 것으로, 접근전에서 적을 찔러 쓰러뜨릴 때 크게 위력을 발휘한다.

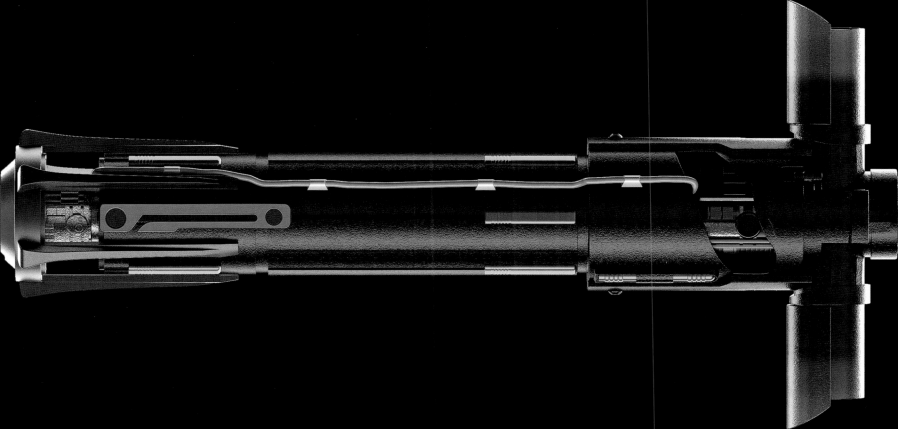

몰(제국 시대)
MAUL (IMPERIAL ERA)

예전에 다스 몰(Darth Maul)이었던 몰은《스타워즈 에피소드 1: 보이지 않는 위험》에서 오비완 케노비(Obi-Wan Kenobi)에게 몸이 두 동강 나지만, 오비완에 대한 강한 증오로 목숨을 부지한다.《클론 전쟁》에서는 의족과 세이버스태프(saberstaff)의 반을 손에 넣고 자신을 이런 몸으로 만든 자와 외면한 자들에 대한 복수를 완수하려 한다.

《스타워즈 반란군》이전에 몰은 새로운 쌍날 라이트세이버를 만들어낸다. 인퀴지터(Inquisitor)들의 쌍날 라이트세이버 부품을 짜 맞춰서 만들어낸 것이 확연한데, 자루에서 절반이 결여된 에미터 링이 나와 있다.《스타워즈 반란군》의 첫 무렵은 후드가 달린 옷을 두르고 나이든 은자같이 꾸미고 있으며, 완벽을 기하여 라이트세이버 끝에 구불거리는 나무를 꽂아 보행용 지팡이처럼 보이게 한다. 이것을 들고 말라코어(Malachor) 행성에서 인퀴지터들과 대결하며, 타투인(Tatooine)에서는 오비완과 최후의 결전에 나선다.

이 라이트세이버는 TV 애니메이션 시리즈를 위해서 만들어졌는데, 실사판 영화《한 솔로: 스타워즈 스토리》에서 몰이 키라(Qi'ra)와 홀로그램으로 교신할 때 잠깐 등장하는 모습을 확인할 수 있다.

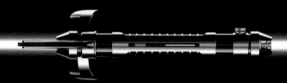

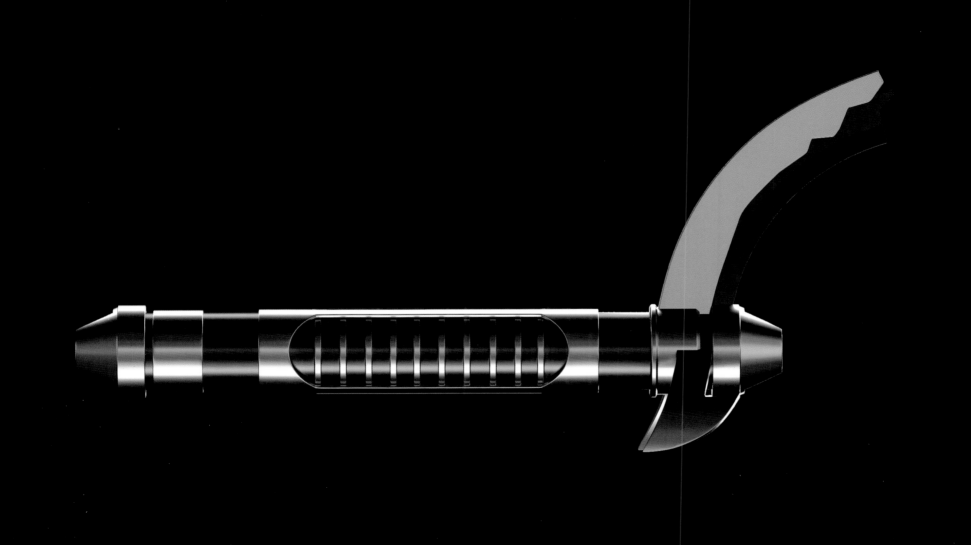

아홉 번째 자매
NINTH SISTER INQUISITOR

인퀴지터(Inquisitor)인 아홉 번째 자매는 도우트(Dowut) 행성에 사는 괴력과 튼튼한 피부를 가진 거인종족 도우틴(Dowutin) 여성이다. 포스를 가지고 있으며, 은하제국의 팰퍼틴(Palpatine) 황제를 따르는 인퀴지터로서도 거의 무적이지만, 그 괴력과 건장한 몸만으로도 충분히 두려운 존재다. 코믹 시리즈《다스 베이더: 시스의 암흑 군주》에서는 강력한 인퀴지터의 한 사람으로 등장하며, 액션 게임《스타워즈 제다이: 오더의 몰락》에서는 만만찮은 적으로서 플레이어 앞을 가로막아 선다.

아홉 번째 자매의 원래 이름은 마사나 타이드(Masana Tide). 이전에는 제다이 오더의 일원이었으나 포스의 다크 사이드에 빠져 제국의 인퀴지터가 된다. 《오더의 몰락》에서는 두 번째 자매인 트릴라 수두리(Trilla Suduri)와 결탁하여 오더 66(Order 66)에서 목숨을 부지한 제다이 파다완(Padawan) 칼 케스티스(Cal Kestis) 사냥에 나선다.

아홉 번째 자매의 회전식 쌍날 라이트세이버는 그녀의 억센 몸에 맞춰 만들어졌다. 두터운 에미터 링은 마치 원반 같다. 링은 은색과 검은색으로 장식되어 있고, 중앙의 자루는 광택 있는 검은색으로 마감되어 있다.

《오더의 몰락》에서는 미스티 리(Misty Lee)가 목소리를 담당했다. 아홉 번째 자매는 과거의 훈련과 전투에서 왼눈과 오른 다리를 잃어서 지금은 인공두뇌(Cybernetics) 보조 장비를 착용하고 있다.

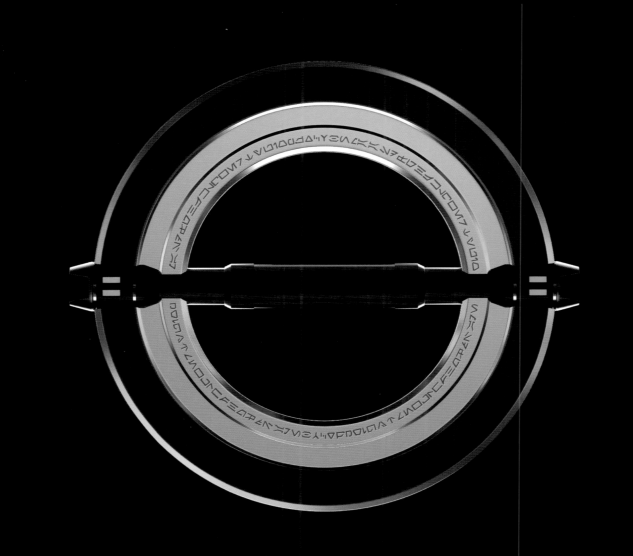

렌
THE REN

얼굴에 마스크를 쓰고 맨몸인 상반신은 상처투성이인 전사 렌은 《스타워즈 에피소드 7: 깨어난 포스》 이전에 벤 솔로가 다크 사이드의 종인 카일로 렌으로서 다시 태어날 때 중요한 역할을 한다.

그러나 렌은 자신은 최고지도자 스노크를 포함해서 어떠한 자도 따르는 일이 없을 것이라 단언한다. 이 붉은 블레이드의 라이트세이버(이것을 그는 '렌'이라고 부른다)가 자신을 인도할 것이라 여기고 자신의 이데올로기를 설파한다. 그는 말한다.

"이 렌은 그 존재 자체가 옳은지 그른지 끊임없이 번민하지. 렌은 그것 자체야. 렌은 살아 있으면서 죽어 있고, 사과는 하지 않아. 그것이 렌의 본성일 뿐 그 외엔 무엇도 중요치 않아."

렌 기사단은 모든 것을 자신들 발밑에 놓아야 한다고 여기며, 은하를 돌며 원하는 것을 모두 손에 넣는다.

렌과 그의 라이트세이버는 2019년 12월부터 2020년 3월까지 간행된 총 4권짜리 코믹스 시리즈 《스타워즈: 라이즈 오브 카일로 렌(Star Wars: The Rise of Kylo Ren)》에 처음 등장한다. 라이트세이버 렌이 무겁고 단단하고 자루에 힘이 가득 차 있다는 것을 한눈에 알 수 있다. 자루 끝에 낚싯바늘을 떠올리게 하는 구부러진 손톱이 네 개 나와 있고, 블레이드 방출구에 가까운 에미터 링 주변에는 작은 블록이 박혀 있다.

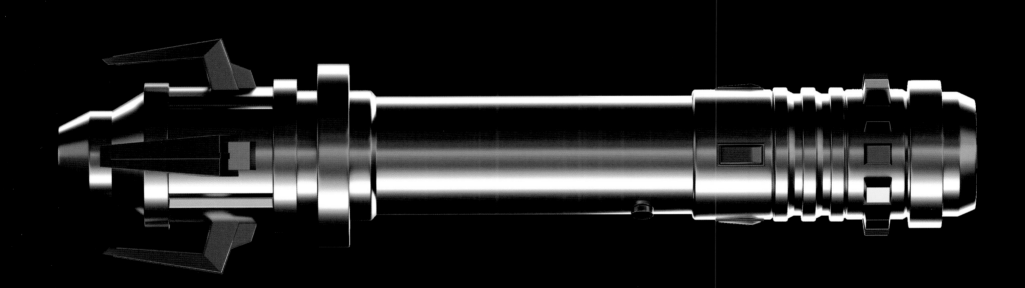

레이(다크 사이드의 환영)
REY(DARK SIDE VISION)

레이는 자신이 아무것도 아니라는 생각을 품고 있는데,《스타워즈 에피소드 9: 라이즈 오브 스카이워커》에서 자신이 팰퍼틴(Palpatine) 황제의 손녀라는 사실을 알게 된다. 은하에서 최강이자 최악의 시스 황제와 피로 이어져 있다는 사실을 알고, 무엇을 믿어야 할지 모르게 되어 자신도 어둠의 길을 걸을 운명일지도 모른다며 괴로워한다.

그런 그녀의 마음속 갈등이 가장 드라마틱하게 표현되는 것이 데스 스타의 폐허를 탐색하는 동안 악의 심부름꾼인 자신의 분신과 조우하는 장면이다. 이 다크 사이드의 망령은 심홍색 블레이드를 발하는 쌍날 라이트세이버를 들고 있다. 자루는 지금까지 본 적 없는 것이다.

은색의 메탈릭한 자루는 에미터 슈로드(emitter shroud, 블레이드 방출구에 붙어 있는 덮개) 주위에 카본 블랙이 부착되어 있어서 검다. 자루는 평탄하지 않고, 중앙의 검은 벨트 부분에서 둘로 접을 수 있다. 접힌 상태에서 블레이드를 같은 방향으로 나란히 발동시킬 수 있고, 손목을 움직여서 휘두르면 다시 한 자루의 세이버스태프가 된다.

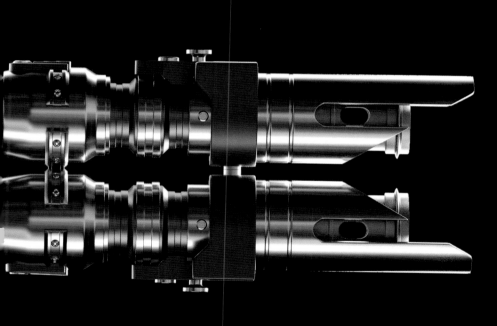

사바지 오프레스
SAVAGE OPRESS

사바지 오프레스는 몰(예전의 다스 몰Da
은 아사즈 벤트리스의 어두운 계획에
히 그려진다. 고향 다쏘미르(Dathomir)
Talzin)과 밤의 자매들에 대해 은의를
졌으나 사이보그가 되어 살아남은 형
쟁(The Clone Wars)의 제3세력으로 대두

  사바지 오프레스는 처음에는 파
는 형 몰의 것과 닮은 쌍날 라이트세
에 붙어 있는 덮개)에서 심상치 않은 길이
저음이 울려 퍼진다.

  무기가 없어도 강인한 체력과 □
에서 목소리를 담당하여 오프레스의

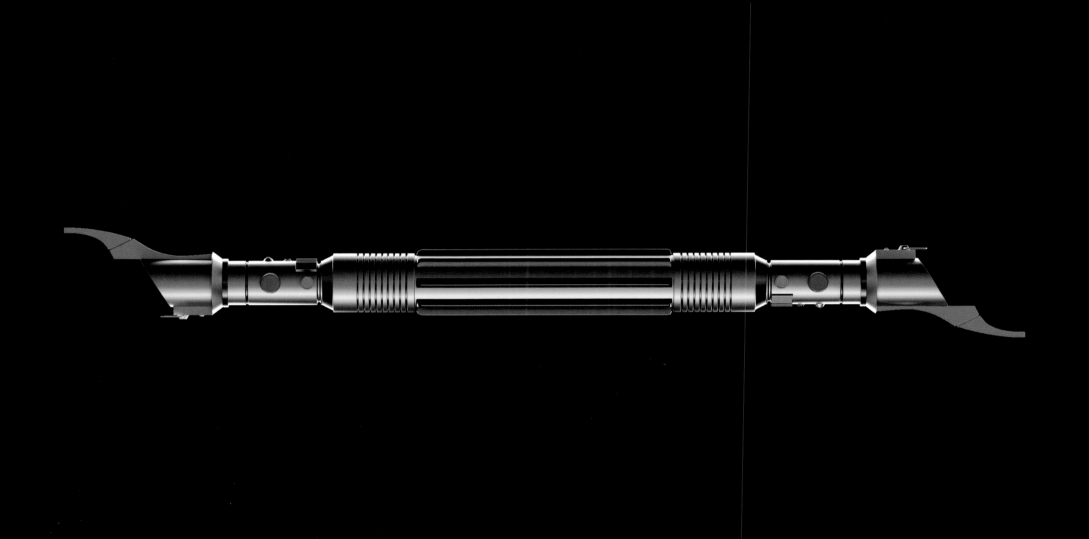

두 번째 자매
SECOND SISTER INQUISITOR

클론 전쟁(The Clone Wars) 중, 제다이 파다완(Padawan)이었던 트릴라 수두리(Trilla Suduri)는 제다이 기사인 시어 준다(Cere Junda)에게 사사한다. 오더 66(Order 66) 발령 후, 시어 준다도 트릴라 수두리도 제국에 붙잡혀 가혹한 고문을 받는다. 그리고 트릴라는 포스의 다크 사이드에 빠져 인퀴지터인 두 번째 자매가 된다.

액션 게임 《오더의 몰락》에서 목소리를 담당한 엘리자베스 그룰론(Elizabeth Grullón)이 퍼포먼스 캡처를 위해서 연기도 맡았다. 두 번째 자매는 《오더의 몰락》에서 주인공 칼 케스티스 앞에 만만치 않은 적으로 나타나는데, 제다이 시절에 자신을 배신한 스승 시어 준다를 향한 복수심으로 가득하다.

두 번째 자매도 다른 인퀴지터와 마찬가지로 자루에 에미터 링이 달린 쌍날 라이트세이버를 무기로 사용한다. 은색의 링은 두 군데 핀이 날카롭게 나온 부분이 눈길을 끌며, 자루의 그립은 약간 파여 있다. 그립 중앙과 양쪽의 블레이드 에미터에는 자홍색 라이트가 기분 나쁘게 점등되는 인디케이터 램프가 달려 있다.

"대결을 아주 어렵게 만들고 싶었습니다."라고 《오더의 몰락》의 기술 디자인을 담당한 브랜든 켈치(Brandon Kelch)는 두 번째 자매와 같은 적과의 대결을 제작할 때 팀으로서 어떻게 몰두했는지 설명한다. "마주했을 때 버튼을 누르면 상대는 모두 죽어 있는 것처럼은 만들고 싶지 않았죠. 굉장히 계산해서 머리를 써야만 하도록 만들고 싶었습니다."

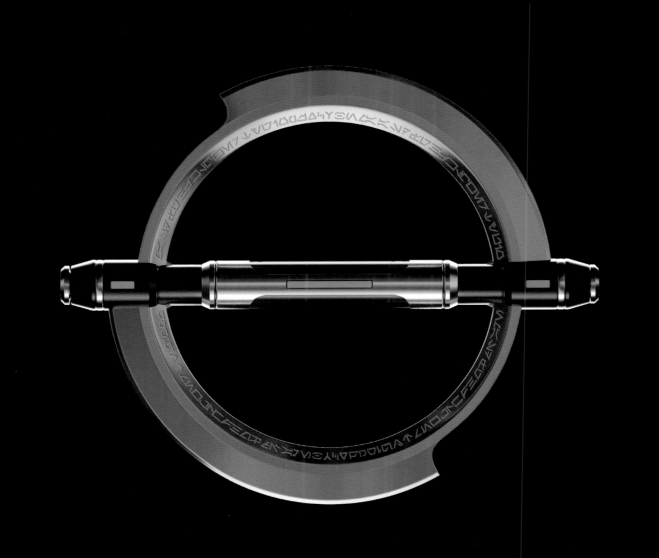

일곱 번째 자매
SEVENTH SISTER INQUISITOR

일곱 번째 자매는 다스 베이더를 따르는 은하제국의 인퀴지터 중 한 명이다. 그랜드 인퀴지터가 케이넌 제러스에게 쓰러진 이후는 지휘관을 대행한다.

《스타워즈 반란군》 시즌 2에 처음 등장한 일곱 번째 자매는 미리알란(미리알 행성 출신의 휴머노이드형 지각종족) 여성으로, 사라 미셸 겔러(Sarah Michelle Gellar)가 목소리를 담당했다.

"저는 일곱 번째 인퀴지터이지만 가장 강합니다."라고 겔러는 웃는다. "케이넌 제러스를 어디까지나 괴롭히죠. 누구나가 꿈꾸는《스타워즈》의 전설 중 하나가 되었습니다."

교활하고 간사한 일곱 번째 자매는 감정을 굳게 억제한다. 전투할 때는 다른 인퀴지터들과 마찬가지로 회전식 쌍날 라이트세이버를 휘두르는데, 그녀의 것은 링 에미터의 표면에 눈을 끄는 무늬가 새겨져 있으며, 두 군데 가시가 날카롭게 나와 있다. 일곱 번째 자매는 숨은 적을 밝혀내기 위해 ID9 수색 드로이드(ID9 seeker droid) 소부대도 푼다.

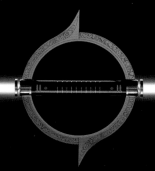

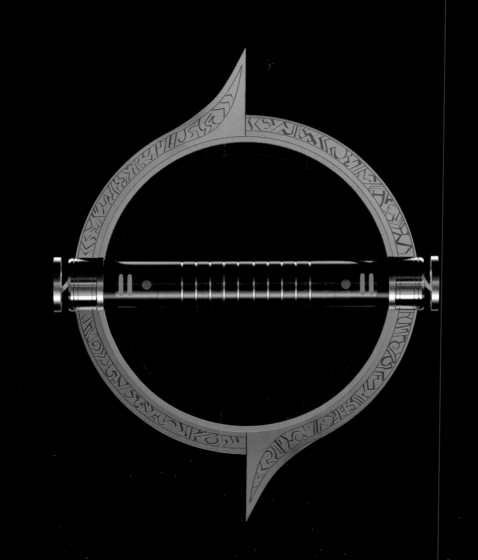

타론 말리코스
TARON MALICOS

타론 말리코스는 은하공화국 굴지의 제다이 마스터로 오더 66(Order 66) 발령 후 클론 트루퍼의 공격에서는 벗어났지만 우주선이 다쏘미르(Dathomir)에 낙하하고, 이 행성에서 생활하면서 다크 사이드에 물들어 현지의 밤의 형제 부족(Nightbrother clan)을 정복하고 거느린다.

액션 게임 《오더의 몰락》에서는 배우 리암 매킨타이어(Liam McIntyre)가 목소리를 담당했다. 상반신 맨몸에 멍이 무수히 들어 있는데, 이것은 마술의 문장(紋章)이다. 아무렇게 자란 머리카락과 수염에서 광기가 드러난다. 이도류 라이트세이버로 공격하며, 때로는 포스를 사용해 바위도 던진다. 주인공 칼 케스티스가 되어 《오더의 몰락》을 플레이하는 사람은 밤의 자매들인 메린(Merrin)의 도움이 없으면 이 강적을 쓰러뜨릴 수 없다.

두 라이트세이버 자루 모두 황동색으로 마무리되어 있는데, 자루 끝 가까이 있는 검은 그립은 링을 겹쳐서 만들었다. 중앙의 가는 접속 부분 상반부의 놋쇠는 금색 광택과 광택이 없는 부분이 포개져서 문양을 만들어낸다. 붉은 에너지 블레이드가 두 개의 금속 갈퀴 사이의 에미터 링에서 튀어나온다.

A New Jedi Tradition
신시대의 제다이

벤 솔로
BEN SOLO

제국이 붕괴하고 수년 후 한 솔로(Han Solo)와 레아 오가나(Leia Organa)의 외동아들 벤 솔로는 루크 스카이워커(Luke Skywalker)의 제다이 아카데미에서 실력을 쌓는다. 루크는 조카인 벤을 사랑하지만, 그 장래에 염려스러운 어둠이 펼쳐져 있음을 느낀다. 포스의 전조에 경고를 받아 루크는 자고 있는 벤 앞에서 라이트세이버를 발동한다. 그 후 루크와 벤의 설명이 다른데, 벤은 삼촌에게 습격당했다고 느끼고 순간적으로 자신의 라이트세이버를 불러 삼촌에게 달려든다. 이렇게 벤은 완전히 다크 사이드에 포섭되고 만다.

벤 솔로의 푸른 블레이드의 라이트세이버는 《스타워즈 에피소드 8: 라스트 제다이》에서 일순간 비칠 뿐이다. 그러나 자루를 잘 보면 후에 카일로 렌이 다시 만든 붉은 블레이드의 라이트세이버 자루와 비슷하다. 카일로 렌이 벤의 라이트세이버와 수정을 바탕으로 검게 타오르는 날이 넓은 검(broadsword)을 만들어냈으니까 당연할지도 모르겠다.

다스 베이더의 라이트세이버와 마찬가지로 그립에 핀이 수평으로 나와 있는데, 자루 끝은 붉게 물들어 있다. 평행해서 달리는 기하학적인 선은 어머니 레아의 라이트세이버로 통하는 데가 있고, 세우면 마치 중세의 망루 같다.

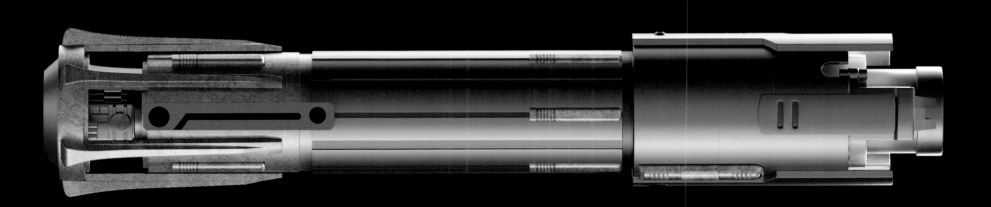

칼 케스티스
CAL KESTIS

제다이 파다완(Padawan) 칼 케스티스는 액션 게임 《오더의 몰락》의 주인공이다. 오더 66(Order 66)에서 살아남아 은하제국의 제다이 숙청을 피하고자 정체를 감추고 스타쉽 해체 현장에서 일하는데, 포스를 사용하고 말면서 두 번째 자매와 제국의 인퀴지터들에게 쫓긴다. 칼은 동료를 만들어 포스를 터득하면서 제다이를 다시 부흥시키려 한다.

"칼은 여행을 계속하면서 자신을 찾고, 제다이를 찾고, 포스를 재발견합니다."라고 게임의 기술 디자인을 담당한 브랜든 켈치(Brandon Kelch)는 말한다.

《오더의 몰락》에서는 라이트세이버를 마음껏 커스터마이즈할 수 있다. 플레이어는 칼의 라이트세이버를 여기저기에 설치된 작업장에서 조정할 수 있다. 처음에는 푸른색이나 녹색 둘 중 하나를 선택하게 되는데, 풀 팔레트를 열면 자주색, 청록색, 심홍색, 남색, 오렌지색도 사용할 수 있다. 쌍날 라이트세이버도 준비되어 있고, 한 자루씩 따로 떼어내서 사용하는 것도 일시적으로 가능하다. 부속품도 풍부하게 고를 수 있다. 에미터부터 스위치, 블레이드를 넣는 관부터 자루의 소재까지 마음대로 커스터마이즈 할 수 있다. 모든 디자인을 월트 디즈니 이매지니어링(Walt Disney Imagineering)과 컴퓨터 게임 회사인 리스폰 엔터테인먼트(Respawn Entertainment)가 공동으로 진행했다. 《오더의 몰락》에서 볼 수 있는 몇몇 라이트세이버는 〈갤럭시즈 엣지(Galaxy's Edge)〉(미국 디즈니랜드와 월트 디즈니 월드 리조트의 디즈니 할리우드 스튜디오에 있는 스타워즈 테마랜드)의 사비의 공방(Savi's Workshop)에서 손에 넣을 수도 있다. 여기에서 소개하는 라이트세이버는 칼의 옛 스승인 자로 타팔(Jaro Tapal)의 라이트세이버에 있었던 에미터와 스위치를 단 것이다.

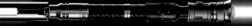

제다이 마스터 자로 타팔은 자신을 희생해서 칼을 제국군에게서 도망치도록 한다. 검은 덮개가 둘러진 그립과 은색 에미터 슈로드(emitter shroud, 블레이드 방출구에 붙어 있는 덮개)는 동료 제다이 나이트 시어 준다의 라이트세이버에 있었던 것이다.

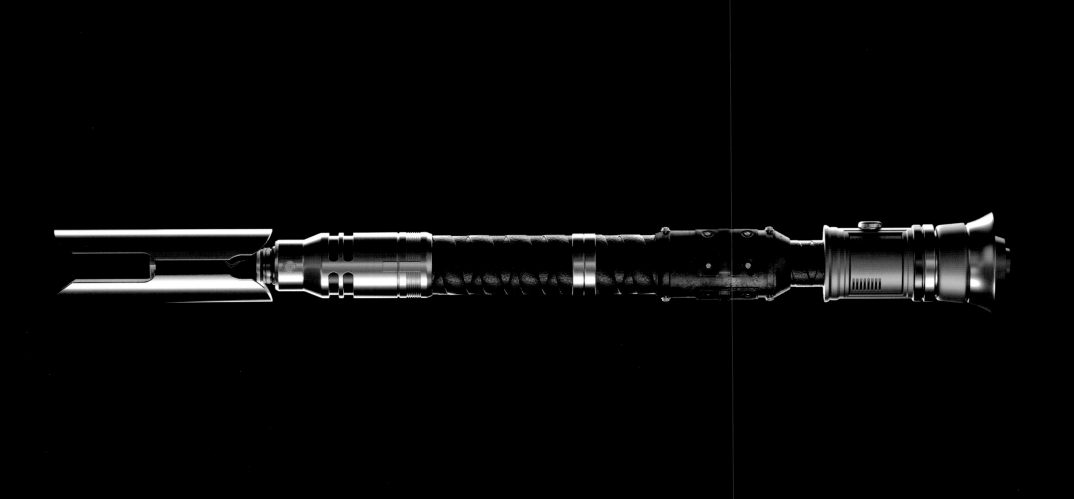

케이넌 제러스
KANAN JARRUS

제다이 파다완(Padawan)인 케일럽 둠(Caleb Dume)은 클론 전쟁(The Clone Wars) 중에는 제다이 마스터인 데파 빌라바에 사사한다. 오더 66(Order 66)가 발령되어 스승을 잃고 자신은 클론 트루퍼의 기습에서 겨우 목숨은 잃지 않고 도망쳐서 케이넌 제러스로 이름을 바꾸고 지하로 숨어드는데, 후에 알게 된 젊은 트윌렉(Twi'lek)의 반 제국 활동가 헤라 신둘라(Hera Syndulla)가 함장으로 있는 VCX-100 경화물선 고스트 호에 타게 되어 은하제국에 대한 반란활동에 참가한다.

《스타워즈 반란군》에서 케이넌 제러스(공동 원작자이자 총감독을 맡은 데이브 필로니Dave Filoni는 이 캐릭터를 '카우보이 제다이'라고 부른다)는 고스트 호에 탄 동료들을 라이트세이버로 지키며 에즈라 브리저를 제자로서 훈련시킨다.

"인생의 대부분을 침대 밑에서 숨어 지내 온 것과 마찬가지입니다."라고 케이넌의 목소리를 맡은 배우 브레디 프린즈 주니어(Freddie Prinze Jr.)는 말한다. "갑자기 제다이로 돌아가는 것은 그에게 힘든 일이었을 겁니다. 제다이는 실제로 그렇게 할 수 있으니까 굉장하죠."

케이넌의 라이트세이버는 둘로 나뉘어도 금방 맞붙일 수 있다. 이에 따라 케이넌은 첨단기술 장치를 두 대 가지고 있는 것처럼 정체를 감춘다. 푸른 에너지 블레이드를 발하는 라이트세이버는 파다완 시절의 위력으로 낮출 수도 있다.

데이브 필로니의 이야기로는 《스타워즈 반란군》을 제작할 때, 컨셉 디자이너이자 일러스트레이터인 랄프 맥쿼리(Ralph McQuarrie)의 디자인을 많이 반영했다고 한다. 라이트세이버도 그렇고, 케이넌의 라이트세이버는 자루에 가드가 달린 맥쿼리의 스케치를 바탕으로 한다.

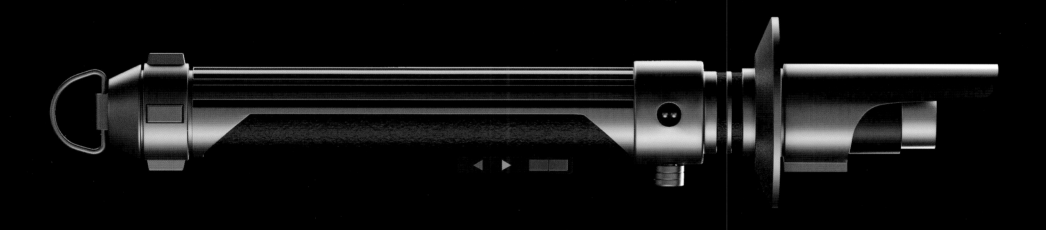

에즈라 브리저 (라이트세이버 블라스터)
EZRA BRIDGER (LIGHTSABER-BLASTER HYBRID)

에즈라 브리저는 로탈(Lothal) 행성의 고아지만, VCX-100 경화물선 고스트 호의 크루들에게 맞아들여진다. 《스타워즈 반란군》에서는 동료들과 함께 초기 반란군에 가담하여 포스 실력을 쌓는다.

에즈라는 포스에 민감한데, 처음에는 오더 66(Order 66)에서 살아남은 제다이 마스터 케이넌 제러스의 파다완(Padawan)이 되길 주저한다. 배우는 것도 느리고, 젊고 참을성도 부족해서 이것도 저것도 모두 내팽개치려 한다. 그러나 라이트세이버에는 흥미를 내비치며 임시변통으로 푸른 카이버 수정이 발동하는 라이트세이버를 만들어낸다. 네모난 자루는 단검의 날밑같이 보이기도 하지만, 블라스터 권총이 합쳐져 있다.

방아쇠를 강하게 당기면 스턴볼트가 튀어나와 블레이드가 닿지 않는 곳에 있는 적도 공격할 수 있다. 전투에도, 블라스터를 에너지 블레이드로 되받아치는 기술에도 자신이 없어서 훈련의 초기 단계에서는 라이트세이버의 기능에 의지했다. 여러 가지를 배우고 기술을 갈고닦아야만 했다.

《스타워즈 반란군》의 공동 원작자이자 총감독인 데이브 필로니(Dave Filoni)도 미술 담당인 킬리언 플런켓(Kilian Plunkett)도 《스타워즈 반란군》의 많은 소도구를 오리지널 3부작과 연결되도록 만들고 싶어 했다. 특별히 만들어내지 않고, 어디에나 있는 것을 조합한 느낌을 내고 싶었던 것이다. 스태프들은 철물점에 가서 강력한 건 타카(staple gun)를 살펴보거나 했다.

에즈라는 말라코어(Malachor) 행성에서 다스 베이더와 대전하다가 이 라이트세이버 블라스터를 잃는데, 포스의 힘이 늘어나면서 후에 전통적인 라이트세이버를 만든다.

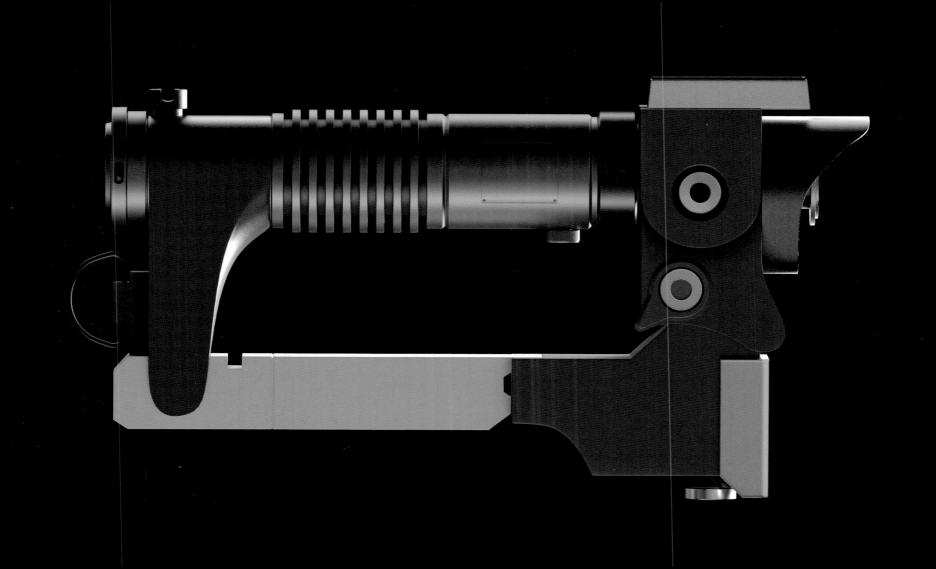

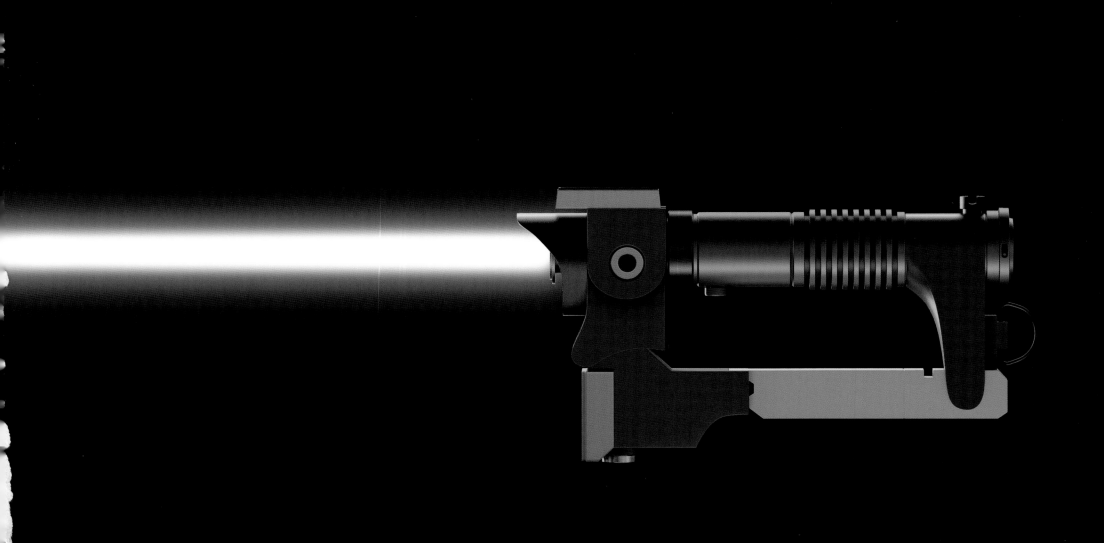

에즈라 브리저(두 번째 라이트세이버)
EZRA BRIDGER (SECOND LIGHTSABER)

《스타워즈 반란군》 시즌 3에서 고스트 호의 크루들은 큰 변화에 직면하고, 머리카락을 짧게 친 에즈라 브리저는 몰(예전의 다스 몰Darth Maul)의 가르침에 더욱 다가간다. 에즈라는 시즌 2에서 블라스터 권총으로도 쓸 수 있는 라이트세이버 블라스터를 잃는데, 시즌 3에 들어가기 전에 이미 새로운 라이트세이버를 만들었다.

에즈라 브리저의 두 번째 라이트세이버는 내장된 수정이 녹색 블레이드를 발동한다. 자루는 공업적이라고 할까, 실용적인 외관으로 에즈라를 비롯한 밀수업자나 무법자가 들 만한 것으로 보인다. 미관은 극한까지 생략되어서, 검은 그립, 은색의 헤드와 자루 끝, 붉은 컨트롤러, 자루를 감싼 모서리가 비스듬하게 잘린 푸른 벨트 그립이 눈길을 끈다. 케이넌 제러스의 라이트세이버의 영향이 어렴풋이 보이기도 해서, 스승의 영향을 느낄 수 있다.

에즈라의 두 번째 라이트세이버는 오리지널 3부작과 프리퀄 3부작 양쪽에서 볼 수 있는 다양한 라이트세이버를 합친 것 같으며, 에즈라가 두 시대를 어떻게 연결하고 있는지 알 수 있다. 스승인 케이넌 제러스는 앞의 시대에 속해 있지만, 에즈라는 야빈 전투(Battle of Yavin)에 가까운 시대까지를 살아낸다.

이 새로운 라이트세이버를 손에 넣었을 때는 에즈라의 힘이 헤아릴 수 없을 정도로 증대되었는데, 아직 포스의 가르침을 받아들이지 못했다.

"에즈라는 때때로 자신에게 무언가 신기한 능력이 있다고 느끼는데, 그 힘에 구원받고 있습니다."라고 데이브 필로니(Dave Filoni)는 에즈라의 초기 포스 체험에 대해 설명한다. "본능입니다. 본능이 반응하는 것이죠."

그 결과 에즈라의 포스에 대한 직감은 다크 사이드에 대한 저항력을 약화시키고 만다.

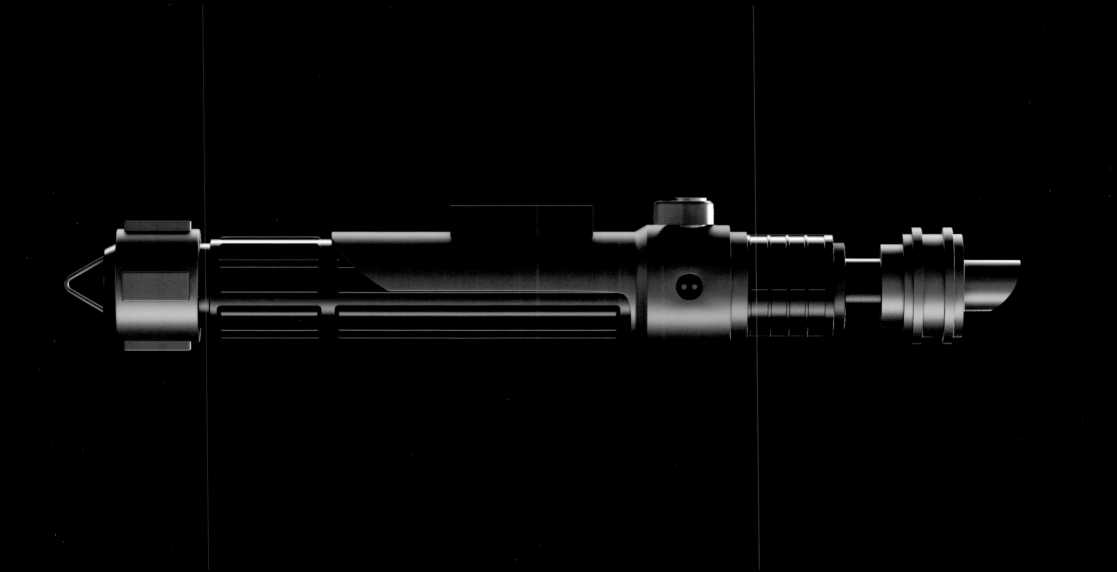

레아 오가나
LEIA ORGANA

은하제국 붕괴 후, 레아 오가나는 에이잔 클로스(Ajan Kloss)의 원시림에서 단기간 포스 수행을 한다. 루크 스카이워커(Luke Skywalker)는 자신이 오비완 케노비(Obi-Wan Kenobi)와 요다(Yoda)에게 받았던 수행을 레아에게 시킨다. 그러나 레아는 수행 최종 단계에서 비극을 느낀다. 자신이 포스 수행을 쌓으면 아들의 죽음을 초래할 것이라고 확신한 것이다.

레아는 수행을 단념하고 라이트세이버를 루크에게 맡긴다. 루크는 아치토(Ahch-To)에 은둔한 후에도 레아의 라이트세이버를 보관한다. 루크는 레아의 라이트세이버를 어디에 숨겼는지 포스를 통해 레이에게 가르쳐주고, 레이는 그것을 가지고 엑세골(Exegol)에서 팰퍼틴(Palpatine)을 쓰러뜨린다. 레이는 마지막에 레아의 유품인 이 라이트세이버를 타투인(Tatooine) 사막에 묻는다.

레아의 라이트세이버는 예술품이다. 균형이 아름답게 잡혀 있고, 은색과 금색의 색조는 자신이 입양된 유서 깊은 얼데란(Alderaan)의 오가나 왕가를 떠올리게 한다. 그립은 곡선을 그리며, 그 위에 수정이 박혀 있는 심장부에서 푸른 블레이드가 발동된다. 링을 겹친 에미터와 그 아래의 얇은 축은 루크의 녹색 블레이드가 나오는 라이트세이버와 비슷하다.

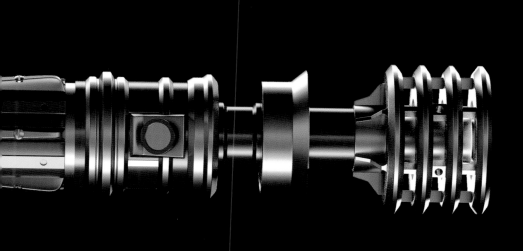

레이 스카이워커
REY SKYWALKER

엑세골(Exegol)에서 시스의 망령을 쓰[...]
Skywalker)의 라이트세이버를 사막에 묻[...]
스카이워커임을 선언한다.

레이는 자쿠(Jakku)에서 쓰레기 줍[...]
를 만든다. 이 쿼터스태프를 등에 메고[...]
후에는 스카이워커의 라이트세이버도 [...]

쿼터스태프의 끝에 나와 있던 혹[...]
치를 누르지 않고, 라이트세이버를 움[...]

《스타워즈 에피소드 9: 라이즈 오[...]
한다. 실사 영화로는 이것이 처음이지[...]
이트세이버를 들고 있는 것을 볼 수 있[...]

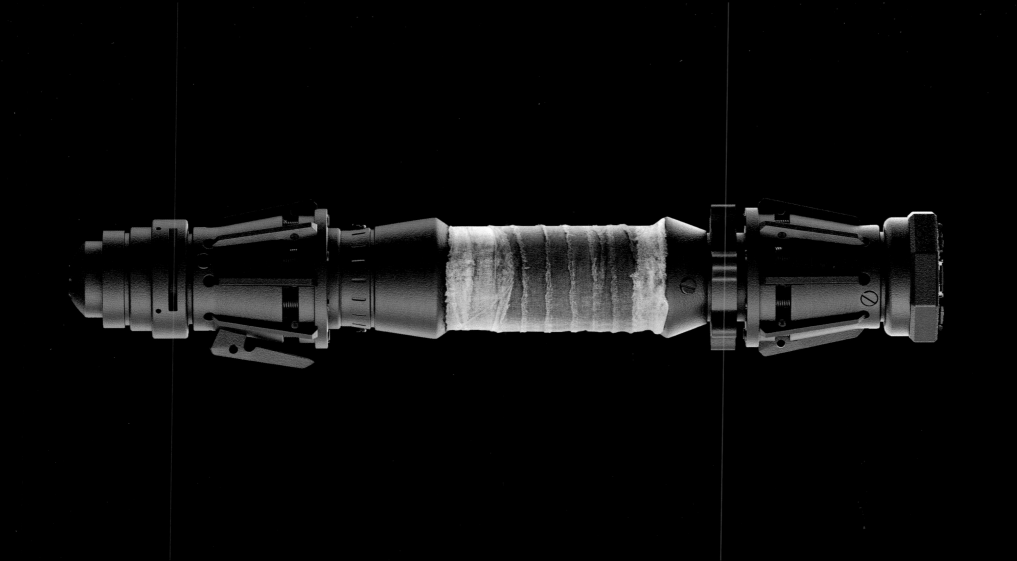

INDEX

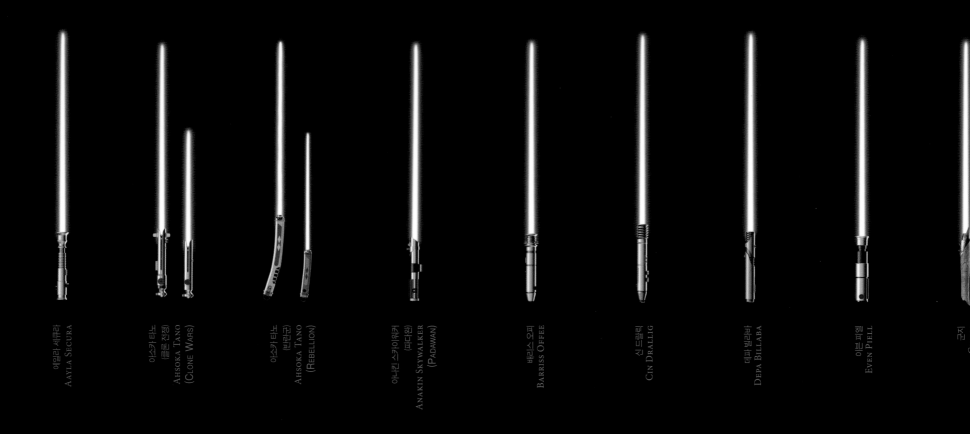

요다
YODA

연습용 라이트세이버
TRAINING
LIGHTSABER

고대의 크로스가드
라이트세이버 ANCIENT
CROSSGUARD
LIGHTSABER

벤 솔로
BEN SOLO

칼 케스티스
CAL KESTIS

케이넌 제러스
KANAN JARRUS

에즈라 브리저
(라이트세이버 블라스터)
EZRA BRIDGER
(LIGHTSABER-
BLASTER HYBRID)

에즈라 브리저
(두 번째 라이트세이버)
EZRA BRIDGER
(SECOND LIGHTSABER)

레아 오가나
LEIA ORGANA

레이 스카이워커
REY SKYWALKER

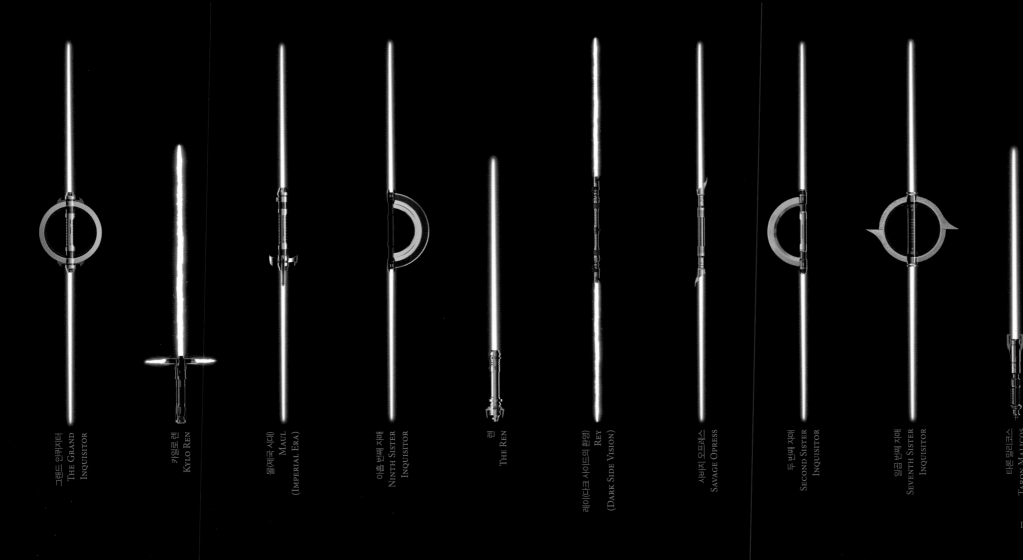

INSIGHT
EDITIONS

PO Box 3088
San Rafael, CA 94912
www.insighteditions.com

Publisher: Raoul Goff

Associate Publisher: Vanessa Lopez

Creative Director: Chrissy Kwasnik

VP of Manufacturing: Alix Nicholaeff

Designer: Amy DeGrote

Senior Editor: Amanda Ng

Editorial Assistant: Harrison Tunggal

Managing Editor: Lauren LePera

Senior Production Editor: Elaine Ou

Senior Production Manager: Greg Steffen

For Lucasfilm

Senior Editors: Brett Rector, Robert Simpson

Creative Director: Michael Siglain

Art Director: Troy Alders

Lucasfilm Story Group: Leland Chee, Pablo Hidalgo, Matt Martin, Kelsey Sharpe, Emily Shkoukani

Lucasfilm Art Department: Phil Szostak

Special Thanks: Steve Blank, Hez Chorba, Dave Filoni, Aaron McBride, Ben Snow

Asset Management: Shahana Alam, Nicole LaCoursiere, Gabrielle Levenson, Bryce Pinkos,
Erik Sanchez, Sarah Williams

지은이 **대니얼 윌리스**(Daniel Wallace)
작가. 미시건 주립대학 졸업 후 광고회사에서 근무했다.
저서로 국내에는 『스타워즈 백과사전(Ultimate Star Wars) -등장인물·생명체·장소·기술·탈 것』(문학수첩), 『배트모빌 매뉴얼』(시공사)이 번역되어 있다.

옮긴이 **권윤경**
번역가. 스타워즈와 관련된 번역서로는 『어바웃 스타워즈』(한국외국어대학교 지식출판원, 2018), 『스타워즈 영한사전: 제다이 입문자 편』(문학수첩, 2019), 『스타워즈 영한사전: 제다이 기사 편』(문학수첩, 2019)이 있다.

일러스트 **루카스 리스코**(Lukasz Liszko)
디지털 3D 아티스트, 사진가. 이 책에서는 라이트세이버의 이미지 아트를 담당했다.

일러스트 **라이언 발레**(Ryan Valle)
일러스트레이터, 디지털 3D 아티스트. 이 책에서는 캐릭터 이미지 아트를 담당했다.

스타워즈 라이트세이버 컬렉션

초판 1쇄 인쇄 2024년 6월 10일
초판 1쇄 발행 2024년 6월 15일

저자 : 대니얼 월리스
일러스트 : 루카스 리스코, 라이언 발레
번역 : 권윤경

펴낸이 : 이동섭
편집 : 이민규
디자인 : 조세연
관리 : 이윤미
영업·마케팅 : 송정환, 조정훈, 김려홍
e-BOOK : 홍인표, 최정수, 서찬웅, 김은혜, 정희철, 김유빈, 서유림

㈜에이케이커뮤니케이션즈
www.amusementkorea.co.kr
등록 1996년 7월 9일(제302-1996-00026호)
주소 : 08513 서울특별시 금천구 디지털로 178, B동 1805호
TEL : 02-702-7963~5 FAX : 0303-3440-2024

ISBN 979-11-274-7277-1 03680

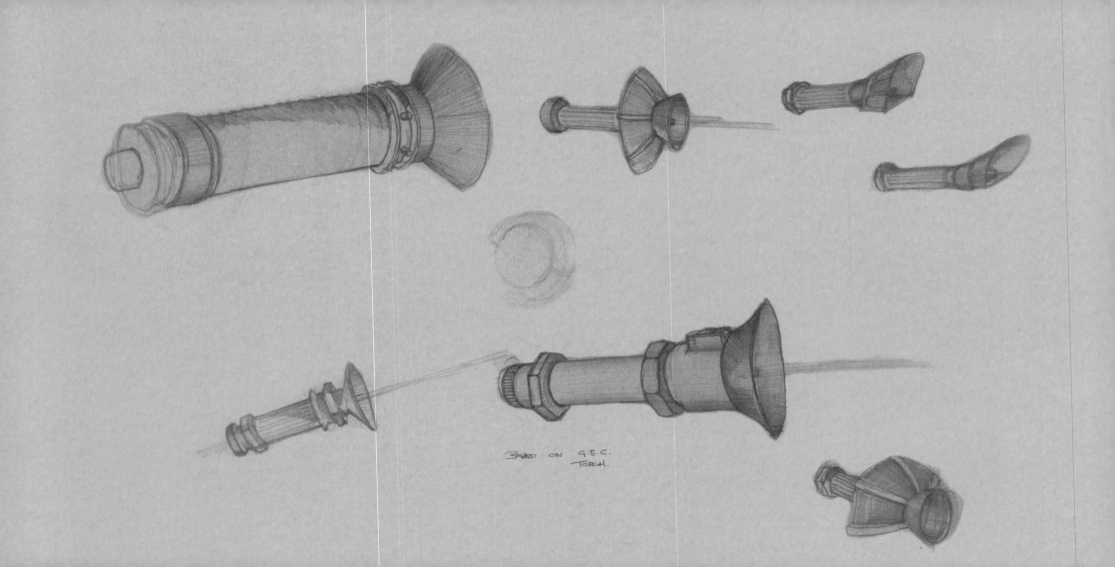

BASED ON G.E.C.
TORCH.